Winfried Wagner
Ons Schwoba muaß ma oifach möga

Winfried Wagner

Ons Schwoba muaß ma oifach möga

Genüßliche Betrachtungen
schwäbischer Eigenheiten

mit Zeichnungen von
Hans Helferstorfer

Verlag Karl Knödler
Reutlingen

3. Auflage
© Copyright 1983 bei Verlag Karl Knödler, Reutlingen
Alle Rechte,
einschließlich derjenigen des auszugsweisen
Abdrucks und der fotomechanischen Wiedergabe, vorbehalten.
Printed in Germany 1992
Herstellung: Druckerei Harwalik KG, Reutlingen
ISBN 3-87421-126-6

Inhaltsverzeichnis

So a Onderschied

Dr Nietzsche hod amol gsaid:
Was mich nicht umbringt, macht mich noch stärker!

Aber mai Dokter hod zommer gsaid:
Wenne noh schdärker werd, breng me des voll om!

Äwwl mir Dicke

Baise Zonga sagad älls
Dicke häbe oft da Schnupfa
ond Entzendung en de Häls.
Domit wellad se oin schdupfa!

I fend des Schbrüchle richdig domm
ond will me wehra, frog: »Worom?«

Doch,

anders als i mirs erhoffd
ischd Begründung mo se hend:
daß diea Dicke hald so oft
vorem offna Küahlschrank send!

Mit dr Oma auf Probefahrt

Dr Vadder hod an Waga
ganz nei vom Werk abghold.
Drhoim, was solle saga,
do hend se älle gjohld.

Kaum kennad ses vrwarda,
dui erschda Probefahrt.
D Oma wälzd scho Karta,
se fraid sich auf da Schdart.

Do wurd jetzt ed lang gschbarad,
so machd sich d Oma schdark.
Mensch Kender, auf, mir fahrad
en an Safaripark.

Vadder, Muadder schdeigad ai.
Henda sitzd als Schbender,
voma Hondertdemarkschai,
d Oma mit de Kender.

Ooh, gibts do viel zom gucka!
Ond älls vom Audo aus.
Diea Kängeruh dend jucka,
do draud sich koiner naus.

Sogar an Löwe droddad
ganz noch ans Audo her.
Ond bloß dr Vadder schboddad,
daß der ed gfährlich wär.

Mo der no zo ehm nomwetzd,
do gibter ganz schnell Gas,
daß der am Lack ed romgretzd,
oder vrbrichd a Glas.

No kommad Äffla glaufa,
se schmeißad Nüßla naus.
Ond diea dend do drom raufa,
des siehd so butzig aus.

Kois siehd den Elefanta,
mo hender ehne schdohd.
Ma guckd dem eleganta
Flamingo noch, mo gohd.

An dicker Rüssl hangad,
zom hendra Fenschder rai,
ond der frech Denger langad
en Omas Handdasch nai.

Des ka se gar ed braucha,
drom drehd se s'Fenschder zua.
Was wiederom duad schlaucha,
dui Elefantakuha.

An ihrem Rüssl zieagd se,
doch der sitzd feschd ond schmerzd.
Oh, diea dohenna grieagd se,
diea hends dodal vrscherzd.

Se haud no an da Waga,
mit ihrem dicka Fuaß.
Em Vadder drehts da Maga,
daß des bassiera muaß.

Dreh doch des Fenschder ronder!
So schreiter wiea ed gscheid,
ond no wird Oma monder,
sui hods jo ao scho keid.

Grad hod ses Fenschder offa,
do duads da nägschda Schlag.
D'Vorderier hods droffa.
Oh noe, war des an Dag.

Zom Schluß haud mit em Rüssl
dr Jumbo mit viel Krach
a bodadieafa Schüssl
ens neie Audodach.

13

No ischd sai Zorn vrganga,
ond er leßd vonnen ab.
Se hend sich noh ed gfanga,
do macht dr Vadder schlabb.

Glei an dr nägschda Kneibe,
do hälder, woid ond wond,
ond fendad dort sai Bleibe
für noh ao zwoi, drei Schdond.

Noch langem Schdreit ond Zaga
ond viele Bier ond Schnäps,
do gangad se zom Waga,
er laufd scho zemlich schäps.

So fehrder mit saim Karra,
hoim über d'Audobah.
Doch do duad s'Ohglick harra
ond nemmden nommol dra.

En Wellalinia fehrder,
des felld ra Schdroife uff.
Ond s'Martinshorn des herder
noh en saim Allmachtssuff.

14

Er bremsad ond bleibd sitza,
ond wardad aa, was kommd.
Er fangd scho ah mit schwitza,
do frogad diea doch prombt:

Was des fir Dalla wärad,
ond wiea der Ohfall war.
Des häb er jetzt z'erklärad,
bevor er weider fahr.

Er fangd schier ah mit Plärra,
sai Gsicht ischd weiß wiead Wand.
Diea Dalla, maine Herra,
send voma Elefant!

Do hend sen blosa lassa,
glei durch a Röhrle kühn.
Se hends ed kenna fassa,
des war ganz dunklgrün.

Diea hend dem arma Deifl
da Führerschai kassierd.
Ond do gibts gar koin Zweifl,
dui Gschicht ischd so bassiert!

Grad s'Gegadoil

Do hoißds doch emmer,
ma soll sich über
diea»kleinen Dinge«
em Leaba fraia.

I kennd me
aber jedasmol
z'Daod ärgara,
wenne en ra
Wirtschafd
vor sorra
kloina
Pordsio
hock!

Mai erschder Hamburger

Wemmer friher an Schwoba gfrogd hod, waser gern essa däd, no hoder beschdimmd gsaid:
»Ha Schbätzla mit ra guada Soß, gmischda Salad ond wenns gohd, noh a Floischle drzua!«
Jetzt wemmer heidzodag de Jonge frogd, was se gern heddad, no herd mer beschdimmd:
»Ha Pommfridd mit Ketschab ond an Hamburger drzua!«
Do kommd jo mai ganz Weldbild von de Schwoba ens Wanka.
Also hanne a Exschbeditsio en so a Hamburger-Schnellreschdora ausgrüschdad, weile oifach amol hann wissa wella, was mit onserer jonga Generatsio los ischd.
I hann a baar Blaschdigbeidl aigschoba, fallses ed mag oder falls mers schlechd wird, ond no bene losgfahra.
Weils bei ons en dr Schdadt noh koi so a Gschäft mit dera amerikanischa Eßkuldur gibt ond en dr Kreisschdadt ao ed, bene also noch Schduagerd gfahra.
Nadierlich hanne vorher nix gessa, damer ed saga ka, mir seis vorher schao schlechd gwäa.
Ond wiea i no schlieaßlich vor soma Kulttembl für

Hamburger- ond Pommfriddfäns gschdanda ben, ischds do zuaganga wiea auf ma Johrmerkd. Jonge send rai ond naus gwusalad, damer gmoind hod, s gäb ebbas omsonschd.

Ond mone enna naikomma ben, hods do soviel Leid ghed, daße gmoind hann, s gäb sogar noh ebbas hendadrai, wemmer dord ißt.

Mone no endlich drakomma ben — i ben also mit Abschdand dr Äldaschde gwäa, mo end dr Schlang gschdanda ischd — no ischd so an jonger Neger vor mie nahgschdanda ond hod me frogend ahguckd. Jetzt hanne also, flexibl, wieane ben, mai Bschdellung blitzschnell en mai beschds Englisch ibersetzt. Ond hann zonnem gsaid:

»Uno Cola — a gränd Pommfridd ond an Hamburger!« Der hod gschwend grinsd, ond no hoder mie gfrogd: »Wellad Se an gloina, mittlara oder an ganz große Hamburger?«

I hann guckd wiea an gschdochaner Bock. No hod der ganz heflich gfrogd: »Haben Sie meine Frage nicht verstanden?« »Doch, doch«, hanne gsaid, mone mie wieder a bißle gfanga ghed hann, »gend Se mer noh de größschd Portsio, mo Se hend!«

Ond no hannen noh gfrogad, moher er scho so guad schwäbisch kenn.

No hod der gsaid, daß sai Vadder an Amerikaner sei, sai Muadder a Schduagerdere, ond er sei do ao ge-

bora. − Also sei er brakdisch an Schwob. Ond no
hoder sich omdrehd ond mai Essa gholad. Jetzt hod
ed bloß mai Weldbild von dr Jugend gschwankad,
sondern ao noh des von de Schwoba. Ond wieane so
a bißle romguckd hann, daß me ablenk von maine
schwermiadiche Gedanka, no hanne gmerkd, daß
mer mit so große ronde Schbieagl, mo an dr Decke
ghangd send, hender dui Vrkaufstheke nomgucka
ka. − Ond no hanne grad zuaguckd, wiea an Neger,
so an ganz schwarzer, mit de Hend Hamburger be-
legd.
No hanne miassa schlucka, weil mer doch do gar ed
kondrolliera ka, ob mer d'Hend gwäscha hod oder
ed. − Ond i ben doch so saumäßig hoikl.
Enzwischa ischd mai Mitschwob komma ond hod
mer mai Sach brochd.
A zuas Schächdale aus Schderopor, an Blaschdig-
becher mit ma Deckl drauf ond ma Rehrle ond a
Babadecklschächdale mit de Pommfridd drenn.
No hanne so aufem Tabledd romguckd ond hann
gfrogad:
»Ja hender koi Bschdeck do?«
No hod der jong Neger auf des Blaschdiggäbale en
de Pommfridd deidad ond hod gsaid, des sei ällas was
se häbad.
No hanne mai Tabledd gnomma ond guckd, mos Klo
ischd.

20

Wenne scho mit de Hend essa muaß, no willes wenigschdens vorher wäscha, damers ed glei rauf kommd.

No ischd mer aber aigfalla, daß i mit dem volla Tabledd gar ed auf des Klo nai ka.

Jetzt was doa?

Laß es haußa schdanda, frißd mers ebber weg. Wäsche d Hend ed, brenges ao ed nonder. Also hanne d Pommfridd en a Babierdaschediachle aigwickld ond en de lenk Kiddldasch gschobad. Ond des Schächdale mit dem Riesahamburger hanne en de rechd dao. Zo dem Zeitpunkd hanne jo noh ed wissa kenna, daß diea do a Soß druffdend.

No hanne also main Colabecher end Hand gnomma ond ben naimarschierd ans Wäschbecka.

Jetzt hods do gar koin Drehgriff geh! Nix — bloß dea Wasserhahna, ond der hod eddamol dropflad.

So kah mer nadierlich ao Wasser schbara!

Grad mone hann wieder ganga wella, ischd so an gloiner Bua raikomma, vors Wäschbecka nahgschdanda ond hod d'Hend gwäschad.

Bei dem ischs Wasser gloffa wiea narrad.

Mo der wieder weg war, bene nomol nahgloffa ond hann maine Hend nahghoba, aber nix isch komma.

Bloß Soifa hedds gnuag geh!

Aber mit drockane Hend ischd des fai so a Sach.

Velleichd funktsionierd des bloß bei gloinere Leid?

21

Velleichd ischd des bloß fir Kender aigrichdad?
Mit sora Lichtschranke oder so?
Also bene nonderghuddarad ond ben wiea so a Ent
zom Wäschbecka nomgwadschld.
Mai Kinn hod grad noh auf da Wäschbeckarand
naufbaßd, ond wieane hann wella maine Hend ens
Wäschbecka naihenga, ischd hender mir d Dier auf-
ganga, ond an gloiner Bua raikomma.
»Isch Ihne schlechd?«, hoder me mitleidich gfrogd.
»Noe Kend«, hanne gsaid, »i guck bloß wiea der
Wasserhahna do funktsionierd.«
»Ha des ischd oifach. − Do miassad Se bloß mit em
Fuaß auf dui schwarza Gommihalbkugl dredda, no
duads!«
I hann me nadierlich feschd bedankd, ond no bene do
druffdabbd.
Jetzt woiße ed, velleichd bene a bißle z'schwer gwää
für des Gommibälle, uff jedenfall ischd do so an
schdarker Wasserschdrahl rauskomma, daß mai
Hemmad ond dr Kiddl, am lenka Onderarm, bädsch-
naß worra send.
Sogar mai Armbanduhr hod Wasser zoga.
Zom Glick hend se glei drnebad so a Hoißluftgebläse
hanga ghed, no hanne maine Ärmel wenigschdens a
bißle drockna kenna.
Des hend diea sicher gmachd, weils noh me Leid so
ganga ischd wiea mir.

Mone naus komma ben ischd mai Tabledd weg gwäa, aber des war mer egal, i hanns jo ed zahld ghed. Em Lokal ischs knallvoll gwäa, aber wiea durch a Wonder ischd grad neba mir a Zwoierdischle frei worra. An Inder hod voll abgraimd ond da Disch abbutzad. – No hann me do nah gwetschd.

Mensch war des eng!

Diea gloine Kenderschdiahla hend se feschdgschraubd ghed ond da Disch ao.

Jetzt hanne äwwl d Lufd ahheba ond da Bauch naizieha miassa, wenn me hann noch vorna bugga wella, zom en ebbas naibeißa.

No hanne d Pommfridd aus dr Kiddldasch rausgruschdlad. – A baar send rausgfalla gwäa, aber i hann sowieso koin so an arga Honger meh ghed. Ond wieane des Schächdale mitem Hamburger rauszoga hann, send maine Fenger auf oimol naß ond bäbbich gwäa.

Zom Glick hanne gnuag Babierdaschediachla drbei ghed, mit denne hanne no mai Kiddldasch ausdongad.

Ond no hanne ahgfanga mit essa.

Mit boide Hend hanne den Hamburger gnomma, s Maul aufgrissa, bis zom Ahschlag, ond no naibissa.

Jetzt hods do a Geräusch geh, wiea wenn ma an Kardofflsalad romrihrd, mo zviel Öl dra ischd.

No hanne guckd, was los ischd.

24

Jetzt ischd do mindeschdens dreivierdl vom Belag nausgrudschd gwäa, ond em Becherboda drenn glega, wiea wenns ed drzua ghera däd.

Mit de Fenger hannes no voll gmischlad, a bißle abdropfla lao, ond no voll ens Maul naigschobbad wiea onsere Vorfahra, mo se noh vor de Höhla ghockd send.

Mai Becher ond des Pommfriddgäbale hod ausgseha wiea beima Kend, mo zom erschda Mol alloi essa derf.

Nommol a Dusche em Klo hanne ed wella, also hanne maine Daschediachla voll auspackd ond s Maul, d Fenger ond da Disch abbutzad.

Jetzt diea Flecka an mainer Krawadd hanne nemme ganz rausbrochd.

Ond mone no wieder drhoim gwäa ben, hanne mir zerschd amol ebbas z'essad gmachd, aber ebbas reachds, koin Hamburger!

Wenn se nommol jongad

S geid oine,
diea wellad
mit
Deiflsgwald
jugendlich
wirka,

ond deshalb
benemmad se
sich ao so
kendisch,

daß zletschda
älle sagad:
Jetzt guck
dr ao den
alda Dackl
ah!

Dr glaine Onderschied

Vor Gott
send älle
Menscha
gleich!

Wenn noh
d'Menscha
onderanander
ed äwwl so
saumäßige
Onderschied
fenda
dädad!

Schwäbischa Vrgeldung

Dr Jürgen schaffd am Schdroßarand,
er fühld sich rondrom wohl.
D Arbad gohdem leichd vor Hand,
er grabd a schmala Dohl.

Ond rechts vo ehm do leid a Feld
oin Krautkopf nebam andra.
Dr Jürgen däd oimol omd Weld
für so an Krautkopf wandra.

Doch klaud wurd ed, des ischd jo klar;
so kommd nix auf da Herd.
Diea Sacha do, diea zahld ma bar,
se sends jo schlieaßlich werd.

Ach, ewich kommd der Bauer ed.
Dr Jürgen duad scho schmachda,
weil er so gern an Krautkopf hedd,
ond s'fangd scho ah mit nachta.

Do endlich kommd dr Bauer glaufa,
er guckad noch saim Feld.
Dr Jürgen will an Krautkopf kaufa
ond hebd em nah sai Geld.

Doch nix isch, Jürgen, nix isch gwäa,
dr Bauer, der said noe.
Om da Jürgen isch jetzt gscheha,
er schwörd sich Schdoi ond Boi:

Weil der ehm komma ischd so domm,
daß er sich für des rächd.
Wenn der do moint, er käm dromnom,
no kenndern aber schlächd.

D Bauschdell ischd scho zemmagraimd.
Dr Bauer ischd scho ganga.
Dr Jürgen noh vom Krautkopf draimd,
er hod sich noh ed gfanga.

Er schdohd am Acker ond sennierd,
do held auf zmol an Waga.
Dr Fahrer frogden ohschenierd,
des schlechdem auf da Maga:

»Om so an Krautkopf i Siea bitt!«
Do treibts dr Jürgen arg.
Er said: »Oh nemm, so viel de widd,
i will drfir koe Mark!«

I wills aber

Wemmer ebbas
ed grieaga kah,
no moind mer,
daß mers ohne
des nemme
ausheld.

Ond wemmers
no endlich
hod, merkd ma,
daß des bloß
dr Drotz so
aufgwerdad
hod.

Weil oim
nemlich
auf oimol
ebbas
anders
noh
viel
besser
gfelld!

33

Modernisierte schwäbische Fassung von
Eduard Mörikes Frühlingsgedicht» Er ists«

Ischers noh?

Dr Frühaling läßt sai flaues Band
wieder fladdara durch d'Luft.
Wohlbekannder Abgasduft
schdroifd ahnungsvoll durch onser Land.

I hald des nemme lenger aus,
wenn des mai Gsondhaid so vrletzt.
Modorradfahrer draimad jetzt,
se wellad hald mol wieder naus.

— Horch, von weidem, s'Martinshorn!
Frühling, jo du bischd
drotzdem onser Lebensborn!

Sorga ond Fraid

Wemmer
d'Sorga
ed hedd,
däd ma
d'Fraid
nemme
schätza!

Bloß,
zuaviel
Sorga
kennad
oim
ao de
größschd
Fraid
vrderba.

Iberfall mit Herz

S ischd Freidagmorga kurz noch achte. Dui siebna-
dreißigjähriga Bankahgschdellda Christine Bäuerle
hod grad so etwa dreißigdausend Mark vom Dresor
rausbeigad ond en diea Fächer von ihrer Kassabox
naisordierd.

S'hend sich a baar Handwerksbetrieb ahgmeldad,
zom da Loh hola. Deshalb ischs weider Geld gwäa
wiea sonschd.

D'Frau Bäuerle ischd ganz alloi en dr gloina Schdadt-
zweigschdell von dera Bank gwäa. Dr Schdifd hod
grad Blockschual ghed, ond dr Zweigschdellalaider
ischd noh auf dr Haubtschdell gwäa.

Do wird auf oimol Dier vom Schalderraum aufgrissa,
ond an etwa vierzig Johr alder Ma schdürzd auf da
Schalder zua.

Des hoißd, er will schdürza, bleibd aber mit em Ärml
von saim Mandl an dr Dieraschnall hanga ond flieagd
schier nah.

D'Frau Bäuerle lachd gschwend ond sechd:
»Hobbla, hobbla, noh ed so bressand, mir hend noh
gnuag Geld do!«

Der Ma hod an hella Drenschkodd ah, da Kraga naufgschlaga, an dicka Schaal rom, a Sonnabrill auf ond an Sommerhuad.

Er guckd aufgregd noch älle Seita ond en älle Ecka, ond no schreiter nervös:

»Koi Bewegung! – Des ischd an Iberfall! – Geld her, oder i schmeiß mai Dasch mit dera Bomb en ihr Kassabox nai!«

Ond gleichzeidig hebder sai Akdadasch nauf, dama se ao seha soll, dui Dasch, mit dera Bomb.

D'Frau Bäuerle hod boide Hend vors Maul gschlaga, leßd se aber no langsam wieder senka ond said:

»Des dädad Siea jo doch ed!«

Der Bankraiber wird noh nervöser.

»Ond ob i des däd! – Aber jetzt ed lang romschwätza, – Geld her, oder s flieagd do hanna ällas end Luft!«

No glaubad se mit ziddriche Fenger Geldbendl aus ihrer Kassabox ond legd se en da Ausgabeschachd.

»Do nemmad Se hald des Geld. – I hann schlieaßlich a Dochder, fir dui i sorga muaß!«

Dr Bankraiber duad sain Huad ronder ond wischd sich dr Schwoiß von dr Schdirn.

»Ach, des ischd aber nedd. I hann ao oina. – Wiea ald ischden Ihra?«

D'Frau Bäuerle loihnd jetzt ganz dichd an da Schalder nah ond lösd da Bankalarm bei dr Bolezei aus.

»Mai Petra ischd jetzt grad neun worra«, sechd se zonnem ond druckd vorsichtshalber nommol druff. Dr Bankraiber wickld jetzt ao noh sain Schaal vom Hals ond drocknad wieder sai Gsicht ab. »Mai Melanie ischd zwor erschd acht Johr ald, aber rechna ka se scho wiea a Zwölfjähriga!«

D'Frau Bäuerle mag ihr Kend ond se ischd ao schdolz auf se.

»Drfir ischd mai Petra en Deutsch de Beschd von dr Klass!«

»Au, also do habberds bei meinra a bißle«, geid no der Ma zua.

Er langad noch oim von denne Geldbendl ond fangd ah mit zähla.

No nemmder a baar Schai raus, ond legd da Reschd wieder zrick.

»Do, des ander Geld grieagad Se wieder. − I brauch bloß dausend Mark!«

»Ha des gohd aber ed«, said no sui endrischdad, »so glaubd mir doch niemand, daß i do iberfalla worra ben. − Diea moinad jo, i häb des selber dao!«

Der Ma schwitzt jetzt noh ärger. Er iberlegd a baar Sekonda ond said no:

»Ach Siea, des ischd mir jetzt aber peinlich. − I will Ihne doch koine Ohahnehmlichkeida macha. − Aber i brauch wirklich bloß dausend Mark.«

Do will d'Frau Bäuerle wissa worom.

40

Er wischd sich mit em Ärml d Schwoißdropfa von dr Oberlibb.

»Wissad Se, des ischd so, mai Bank will mir nemlich da Kredid kindiga, wenn i bis morga ed dausend Mark bei ehne aizahl. — Ond no wird mir mai Haus vrkaufd!«

Er leßd draurich sain Kopf hanga.

Do grieagd se auf oimol Mitleid mit dem Denger.

Aber se reißd sich zemma ond frogd:

»Ja was sechd denn do Ihr Frau drzua, wenn se erfehrd, moher Siea des Geld do hend?«

Do guckd der Ma noh drauriger ond vrzehld laise, daß sai Frau vor ma Johr an dr Geburt von saim Schdammhalder gschdorba ischd.

Ond monen d'Frau Bäuerle frogad, was mit dem Bua ischd, do duader sai Sonnabrill ao voll ronder ond wischd sich d Auga aus.

»Der ischd ao gschdorba.«

Sui hold a Babierdaschediachle aus ihrer Handdasch ond duad sich d Drena abbutza. »Des duad mer aber loid. — Mai ganz herzlichs Beiloid!«

Do fangt er ao ah mit schluchza.

»Danke, Siea send so nedd zo mir!«

D'Frau Bäuerle grieagd an Heilahfall ond schluchzad so drzwischa nai:

»Ja wer sorgad denn no fir Ihr Dochder?«

Der Ma drombeedad a baarmol en sai Dascheduach.

»Ha i hann doch sonschd nermerd. – D'Melanie gohd en a Ganzdagesschual, ond obends hol se i hald emmer dort ab.«

D'Frau Bäuerle hold a zwoids Dascheduach.

»Ja sagad Se amol, wohnad Siea do en dr Schdadt?«

»Noe«, said no der Ma ond guckad so auf des Päckle Babierdaschediacher, »mir wohnad auf em Land. Ganz em Grüna. Deshalb will i onser Haus doch ao bhalda. – Mai Melanie hangad so an de Dierla.«

Se leßdem a halbs Päckle Daschediacher naus ond said:

»Des ischd äwwl scho mai Draum gwäa. Raus aus dera Schdadt ond draußa aufem Land wohna. Aber seid mai Ma gschdorba ischd, hann i nemme da Muad mai Haus zom vrkaufa ond mit dr Petra alloi oimaz nah, mone niemand kenn.«

Der Bankraiber bedankd sich für diea Diachla, ond frogd, zwischa zwoimol schneuza:

»Ja hend Siea koin Ma?«

D'Frau Bäuerle schiddlad da Kopf.

»I ben Widwe. Mai Ma war Archidekt ond ischd vor drei Johr bei ra Bauabnahm vom Grüschd gfalla ond hod sichs Gnick brocha.«

Der Ma langad wieder nochma Diachle.

»Schrecklich! – Mai herzlicha Teilnahm!«

D'Frau Bäuerle schluchzd:

»Danke! – Siea send so arg nedd zo mir!«

42

Er legd sain Schaal zemma.

»Siea miassad ons ohbedengd amol bsuacha. S'wird Ihne beschdimmd bei ons gfalla.«

Do herd se gschwend auf mit schluchza ond guckd ganz erschdaund.

»Siea ladad mie wirklich ai?«

»Aber nadierlich, ond selbschdvrschdendlich Ihr Petrale ao. Mai Melanie wenschd sich doch so arg noh a Schweschderle.«

Do heild Frau Bäuerle wieder auf.

»Ond mai Petra doch ao!«

Er schieabd sai Sonnabrill end Mandldasch. »Wiea wärs am nägschda Wochaende?«

Do schdaigerd sui sich en an Heilkrampf nai.

Er beugd sich zorra vor ond sechd laise:

»Also jetzt heilad Se doch nemme. − Jetzt wird doch ällas wieder guad. − Ond do hend Se Ihre dausend Mark zrick. I werd des mit mainer Bank scho klar grieaga.«

D'Frau Bäuerle dubfd ihre Drena ab ond said:

»Oh i kennd mer selber oina and Gosch nah haoa!«

No sechd er faschd zärdlich:

»Aber morom denn? − Siea hend doch nix ohreachds doa.«

Do heild se auf wiea a Sireen:

»Doch, i hann da Alarmknopf druckd fir d'Bolezei!«

Do schlechd der Ma saine Hend vors Gsicht ond

schdöhnd:

»Jetzt bene erledigd. − Wer sorgd no fir mai Melanie, solang i em Gfengnis hock?«

Se raufd sich en de Hoor.

»Oh des vrzeih i mir niea!«

Er faßd sich als erschder wieder.

»Siea miassad mir vrschbrecha, daß Siea für mai Mädle sorgad bis i wieder frei ben! − Dend Se mir des vrschbrecha?«

Do nemmd se glei zwoi Daschediacher auf oimol.

»Oh gern däd i des, wenn Siea soviel Vrtraua zo mir hend.«

No schieabdr saine Fenger onder dera Panzerglasscheib durch dui Griffmulde durch ond so berührad se sich mit de Fengerschbitza.

»Jetzt beruhigad Se sich noh wieder. − Des gschiehd mir jo ao ganz reachd. I hedd so ebbas niea doa derfa. − Aber wissad Se, wenn mer mit em Ricka an dr Wand schdohd, do duad mer hald manchmol Sacha, moma normal ed doa däd.«

D'Frau Bäuerle schdreichld saine Fengerschbitza.

»Oh wenne noh ebbas fir Siea doa kennd.«

Do flüschderd er ganz laise durch diea Schbrechschlitz:

»Velleichd bsuachschd me amol em Gfängnis?«

Do breßd sem saine Fenger zemma, daß se ganz weiß werrad.

44

»Oh jo gern, jeden Dag! — Ond dui Sicherhaid fir dai Haus ibernemme ao!«

Do gohd er ganz nooch nah, mit de Libba.

»Oh du lieabs Deng du! — I dank dr schee.«

No gohd sui ao ganz nooch nah ond hauchd:

»I däd ällas fir die doa.«

En däm Augablick flieagd Aigangsdier zor Schalderhalle auf, ond an Bolezischd mit ma Rewolver en dr Hand sauad end Zweigschdell rai.

»Hände hoch! — D'Bank ischd omschdelld! — Siea send erledigd!«

Do gohd der Ma mit noch vornagschdreckde ond iberananderkreizde Ärm auf den Bolezischda zua, ond will sich d Handschella ahlega lao.

Aber en dem Momend schaldad sich d'Frau Bäuerle ai.

»Vielen Dank, Herr Wachtmaischder, aber s ischd ällas en Ordnung! — Mai Bekannder do hod mir grad an Heiradsahdrag gmachd, ond do bene vrsehendlich auf da Alarmknopf dredda. — S ischd also bloß a Vrseha gwäa. — Aber i dank Ihne, daß Se noch mer guckd hend!«

Do klobfd der Bolezischd dem Bankraiber auf d'Schuldra, schiddldem d'Hand ond said:

»Herzlicha Glückwunsch, mai Lieaber. — Do muaß mer Ihne graduliera, Siea grieagad a ganz großardicha Frau!«

Ond no drehder sich zor Frau Bäuerle nom ond said: »Ha do bene bloß froh, daße alloi komma ben. — I hann mers jo ao ed vorschdella kenna, daß ebber so a nedda Frau iberfelld!«

I woiß ao ed

S'hoißd wohl emmer,
daß koi Ohglick
gäb, mo ed sai
guada Seit
hedd.

Aber amol ehrlich:

Manchmol muaß ma
scho arg suacha,
bis ma ebbas
fendad, wa
do dra
guad
sai
soll!

Ach dorom

Mai Oma hod
äwwl gsaid:

Dr oi hods Geld
ond dr ander da
Vrschdand.

Jetzt woiße doch,
worom i oms
Vrrecka
ed
em
Loddo
gwenn!

Dr Dreibleskuacha

Zwoi ältre Schwestra hend em Haus
alloi mitnander glebd.
Diea hend so gschbart, des war a Graus,
ond hod ma noed vrlebd.

Boide warad ao noh ledich.
Diea hod koi Ma kassierd!
Denne ischd mol ama Medich
ebbas ganz schlemms bassierd.

De Älter hod grad Zeitung ghed,
do druckd se ihr Gebiß.
Se nemmds hald raus, legds nebas Bett,
aufdaß ses ed vrmiß.

De oi, mo ebbas jenger ischd,
hod morgens, s war noh Nacht,
em Donkla noch dr Zeitung gfischd
ond no a Feuer gmachd.

Se nemmd dui Zeitung ond siehd ed,
daß do s'Gebiß druff leid.
Des glaubd mir kois, i mach a Wett,
was des fir Feuer geid!

Weil neie Zeh so deier send,
hend diea zwoi kurz beschlossa,
daß se dui Ausgab bleiba lend,
grad em Dendischd zom Bossa.

A nuis Gebiß, des kaufd ma kois.
Moher soll des no komma?
De Jenger hod doch ao noh ois,
no wird hald des voll gnomma!

Doch besser, als mer sich des denkd,
ischd mit de Zeh des ganga.
Wiea ao doch, wenn a Ausgab wenkd,
a Minimum duad langa.

De oi, dui hod hald warda missa,
bis d'andra ferdich war,
ond no hod hald de ander bissa.
Des gohd fai wunderbar!

Doch oimol isch de Jenger,
zom Kaffee glada gwä.
De Alt hods gwißd, scho lenger,
doch hod ses ed gern gseh.

Gohschd obends her beizeida,
daß i noh veschbra ka!
Se ka des gar ed leida,
wenn d'Jonga gohd mo nah.

Am Segse, hod de Älter ghetzd,
do ischd fai Veschberzeid!
Ond pünkdlich kommt de Jenger gwetzd,
daß koine Hendl geid.

De Älder hockd zom Essa nah –
se dauschad ihre Zeh –
do fangd dui zmol mit zuzla ah
ond said – des war ed schee:

Hods bei'r Karin ond beim Dieter –
se borad en de Zeh –
hods bei denne scheinds mol wieder
an Dreibleskuacha geh?

Heuchler

I sag emmer:
»Danke guad!«,
wenn ebber frogd,
wiea mers denn gohd.

Weils doch von denne
honderd Leid am Dag
mo mie des frogad
velleichd bloß
oin ao echd
endressierd.

Ond däm kamers
jo no schbäder
emmer noh
vrzehla.

Mai erschda Goldmedallje

Wenn an Mensch wiea i, der mo grad koi so an arger Subberschbordler ischd, dui Meglichkaid hod, an so a olympischa Medallje zom komma, no ischd des eigendlich klar, daß ma do zuagreifd.

Des war kurz noch dr Olympiade en Müncha, do hods amol bei ma Volksmarsch, ema Flecka zwischa Ulm ond Augsburg, als Siegestrofäe exakte Nochbildunga von ehemalige Gold-, Silber- ond Bronzemedallja gebba. Ond zwor Bronze für 10 km, Silber für 20 km ond Gold für 30 km. − Ond i hann nadierlich de Goldich wella.

I ben zwor noh niea soviel Kilomeder auf oimol gloffa, aber so a Medallje muaß mer sich jo schlieaßlich ao vrdiena.

Also hann me scho an Monad vorher ahgmeldad, daß ma jo gwieß Ahrechd auf so a Deng hod.

Segsmarkfuffzig hods koschdad. − Also aus Gold hod se no ed sai kenna, sonschd wärad se ebbas deierer gwäa. Aber s ischd jo ao exdra dragschdanda, daß des Nochbildunga seiad.

Mo no der Dag endlich do war, bene nadierlich scho a bißle aufgregd gwäa. So kurz vora Goldmedallje schdohd mer jo ao ed jeden Dag.

I hann mai Knieabundhos ahdao, zwoi Bärla Schdrempf ond maine nuie Wanderschdiefl, daße ao ebbas gleich sieh, an dr Siegerehrung.

Mone no schlieaßlich dord ahkomma ben, hods do Leid ghed wiea Sonndichs auf em Volksfeschd. Über a halba Schdond hanne warda miassa, bis i endlich drakomma ben, daße maine vorbschdellde Schdardkarda hann vrlanga kenna.

I ben froh gwäa, daße scho zahld ghed hann. Do ischd nemlich scho a Schild ghangad, daß bloß noh fir diea mo vorbschdelld häbad Medallja do seie. De andere schicke se zua, wenn se noh oine raigrieagad.

Wa glaubad Siea, wiea i vrschrocka ben, mo der gsaid hod, daß er von mir nix häb. Zom Glick hanne em Geldbeidl dr Durchschlag von mainer Überweisung ghed. − Jetzt hend se also zo dridd en ihre Käschda rombläddderd.

Diea Leid hender mir hend goschad, aber i ben ed noraganga, bis se no mai Kard endlich gfonda hend. Se ischd dommerweis onderm Nama von dr Schdroß abglegd gwäa.

So langsam hamme wieder ahfanga fraia. Des ischd, wiea wenn diea Subberschbordler an Fehlschdard hend. − Do wend diea ao noh ärger aufgregd. Jetzt hanne zerschd ebbas drenka miassa. Des ischd äwwl so, wenne aufgregd ben.

Aber des muaß no genau so schnell ao wieder naus.

No hanne gherd, daß enra Turnhalle Musik schbield. Also benne do nomgloffa.

Am Aigang ischd mer no oiner endgega komma, der hod schao a bißle an Wend ghed ond der hod äwwl vor sich nah goschad.

No hoder mie am Ärml ghoba ond hod gsaid: »Zwee Mark fufftsch verlangen die deiren Brider für een Bier und een Schnaps! — Mein lieber Kokoschinsky du! — Zwee Mark fufftsch für een Bier und een Schnaps!«

I hann no glei gmerkd, daß des koin Schwob war. Ond weil i ed Kokoschinsky ghoißa hann, bene dapferd weider gloffa.

Also mir ischd des ed arg deier vorkomma, do hanne scho schlemmere Sacha vrlebd. Aber i moin, bei dem saim Konsum, do laufd des nadierlich scho ens Geld. No hanne dapferd a Cola auszullad ond ben losmaschierd.

Mo diea von dr 10 km-Schdrecke noh drbei gwäa send, ischs arg voll gwäa auf denne Weg. Mo d 20 km-Schdrecke noh drbei war, isch ganga. Aber mo 30 km-Schdrecke abboga ischd, do hanne auf oimol mai Ruha ghed.

Des hedd mie jo eigendlich schdutzig macha solla, aber i en maim jugendlicha Elan hann mer nix drbei denkd.

Ond wieane so vor me nahgloffa ben, ond maine Ge-

danka grad irgendwo ganz anders ghed hann, her i uff oimol hender mir a furchtbars Schnaufa ond a schwers Gedrampl.

I hann nix anders denkd, als daß me jetzt a Wildsau ahfelld, ond hann me mit oim Satz end Deckung gschmissa.

Ond wiea me no omdrehd hann, dauchd do dr Kopf von soma Zwoimederma auf, der mo noh zemlich gschnaufad hod.

Der hod hender des Gebüsch guckd, moni glega ben ond hod gfrogd: »Is Ehna wos gscheng?«

No hanne gsaid: »Noe, i fang grad an Schmedderling!«

Der hod me no drnoch ahguckd ond ischd weidergsauad.

Des war mir aber egal. – Der Huadsembl. Zerschd vrschrickder oin, ond no frogder noh so bleed, ob ebbas bassierd sei. – Ha so ein Grasdackl. No ischs wieder a Weile ruhich gwäa. Uff oimol hods hender mir ahfanga glebbera, wiea wenn an Gaul em volla Glockagschirr drherkomma däd. I ben auf d'Seit gjuckd, ond scho ischdr aufdauchd. – S war koin Gaul, sondern an Ma, mit ma Drainingsahzug ah, mo übervoll mit lauder gloine Blechabzeichala ghangd ischd.

Der ischd an mer vorbei drabd, wiea a Hengschd aufem Weg en Deckschdand. – Dommerweis hod der sich omdrehd ond gseha, daß i ehm nochguckd hann, no hoder da Kopf noh ärger gschdelld.

I ben no ao wieder weiderzoddlad. Uff oimol isch mer aufgfalla, daß maine Fuaßsohla ond Fersa so arg hoiß werrad.

No hanne an dr nägschda Schdemblschdell maine Schuha ond Schdrempf rahdao ond drnoch guckad. Oh lemme noh en Ruha. — Jetzt hanne an jeder Fuaßsohl em Schnitt drei bis vier Blosa ghed, aber gheriche.

Des ischd jo bei somma Gwichd ao koi Wonder! Zom Glick ischd grad a Schissl mit Wasser en dr Nähe gschdanda; do hanne no maine Fiaß naighengd. Oh, des hod guad dao! — S hedd zwor a bißle kelder sai derfa, aber en dr Nod ware scho dodrmit zfrieda.

Bis no oiner von denne Volksmarschdadde drher gsaud komma ischd, ond gschriea hod, i soll soford maine Käsfiaß do raus nemma, des Wasser sei fird Hond do. — Ond schao ischd oiner mit somma Boxerhond drherkomma. Aber i glaub, der hod mai naidrialad, als wieaner rausbrochd hod. No hanne dr Reschd von maim saura Schbrudl voll iber maine Blosa nahgleerd ond maine Schdrempf wieder ahzoga. Jetzt bene aber schier nemme en maine Schuha naikomma. — Ond mones endlich zuaghed, ond wieder weiderlaufa wella hann, bene drherkomma wiea oiner, mo saine boide Krücka vrlegd hod.

Noch ma Weile isch no wieder besser ganga. Aber i hann äwwl an maine alde, bequeme Wanderschuha, drhoim em Kaschda denka miassa.

Jetzt hend me bloß noh so a baar Marathonlaifer iberhold. Gschwätzd hod ma nix mai mitnander. Diea heddad jo ao nemme kenna. Jeder Tridd von denne hod ma iber ihre Longa wieder ghaird.

Ihre Auga send aufgrissa ond glänzich gwäa, wiea em Fieaber. — Ond oiner hod sogar Schboichlflocka am Maul ghed, wiea an Gaul, wenner dr halb Dag gsauad ischd.

I ben äwwl langsamer worra ond hann ao öfders d Gegend ahguckd. Aber nahghockd bene nergads mai, weile an dr letschda Vrpflegungsschdell hann schier nemme auf maine Fiaß nahschdanda kenna.

Zletschda hanne sogar an Draubazucker gschlodzd, weile denkd hann, was fir mie guad ischd, hilfd ao maine Blosa.

Aber velleichd hend diea den Draubazucker gar ed mega. I woiß ed. Jedenfalls ischs emmer schlemmer worra.

Aber der Gedanke do dra, daß mie am Ziel diea jubelnde Menschamassa empfangad, ond ao nochher, wenne auf em Siegerpodeschd schdand ond mai Goldmedallje endgeganemm, der hod me weidertaumla lassa.

Edwa drei Kilomeder vorem Ziel hod mer an Sani-

deder ahbodda, daßer mie voll ens Ziel führd, aber i hann an diea viele Abenteuerfilm denka miassa, mo diea Helda ao voll bis vor d'Hausdier gloffa, ond do voll zemmabrocha send.

I hann mer grad iberlegd, obe em Nodarzdwaga mai Goldmedallje ahlassa soll, no ischd hender mir a jongs Mädle aufdauchd ond hod me gfrogd, ob se me schdütza derf. I heddra jo wohl gern main Arm omd Schuldra glegd, hann ra aber mai Gwichd ed zuamuada wella. – I hann dapferd auf d'Zeh bissa. Ond bloß zom Schwätza hannes ällamol gschwend ausanander dao. – Sui ischd no hald langsamer gloffa, ond so semmer mitanander em Ziel aidroffa. War i entdeischd! – Koi Sau hod sich om ons kümmerd. Koi Musik ischd dogschdanda, koi Bürgermoischder oder sonschd ebber wichdigs.

Nix, gar nix! – Bloß des Transparend»Ziel«. Am liebschda wäre nahghockd ond hedd brellad. Des Mädle ischd no mit mer nom zor Medalljaausgab, ond do hemmer gwardad, bis mer drakommad. Sui en de Turnschuha, i auf maine Blosa.

Mo mer no endlich drakomma send, ond onsere Schdardkärdla abgebba hend, hod ons der so a durchsichdigs Blaschdiggickle mit onserer Medallje drenn nahgschmissa, wiea wenner an auspackda Romadurkäs mit de bloße Fenger hedd ahlanga miassa.

Mir hend ons no dui Goldmedallje hald selber voll romghengd. Se war groß ond schwer ond hod bodaguad ausgseha.

I hann mer jo aigendlich vorgnomma ghed, daße auf dem Blatz noh a bißle romlauf ond mai Medallje zaig, aber nochdem maine Fiaß so lieadrich drah warad, heddad se me sicher meh ausglachd als bewonderd.

So bene hald dapferd en mai Audo naighockd. Ond auf dr Hoimfahrd hanne main Rickschbieagl so vrschdelld, daße äwwl mai Goldmedallje em Aug ghed hann.

Ond wenn se me nachts em Bedd, wenn me ällamol drehd hann, ed so arg end Ribba druckd hedd, wer woiß, velleichd hedd i se heid noh ah?

Schicksal

A jeder brauchd
a Anerkennung!

A jeder brauchd
a lieabs Word!

A jeder brauchd
saine Schdreichl-
einheida!

A jeder brauchd
a Hand, noch
dera mo er
langa ka!

A jeder brauchd
ebber!

Bloß manche
grieagad
hald nix!

Modernisierte schwäbische Fassung von
Johann Wolfgang Goethes»Erlkönig«

Dr Erlkönig

Wer fährd ao so schbäd durch Nacht ond Wend?
Des ischd doch an Vadder mit saim Kend!
Em Audo rasad se durch da Wald,
send boide wieder mol ed ahgschnalld!

He Jonger, was duaschd de denn dreha?
I hann grad an Erlkönig gseha!
An Erlkönig, oh Mensch wär des schee.
– Ja ischs an Daimler, Porsche, VW?

Vadder, i hann des noh ed entdeckd.
Des Firmaschild isch sicher vrschdeckd.
Dr Jong duad aufgregd mit saine Hend.
Sei schdill ond bleib ganz ruhich, mai Kend!

Oh Vadder, Vadder, siehschen des ed.
Mensch ischd der schee, i will ed ens Bedd!
Oh Jonger, Jonger, woischd du jetzt was?
I fahr dem noch ond geb noh meh Gas!

I mag des Audo, mie reizt sai Gschdald.
I muaß des gseha hann, notfalls mit Gwald!
Oh Vadder, Vadder jetzt hosch no glei.
Schneller, schneller, no ferschd dra vorbei!

Mit Schboiler ond mit Abarthahlag,
an Erlkönig ischs, wenn dr i sag.
Ja guck ao, der fährd äwwl schneller.
Vadder gib Gas, s wird ao scho heller!

Dr Jong der hangad zom Fenschder naus.
Do vorna siehds noch ra Ölschbur aus.
Dr Waga schleuderd, drehd sich omd Achs.
Dr Bua leid em Wald, so weiß wiea Wachs.

Em Vadder grausads, er rasd ganz gschwend.
Henda em Audo ächzad sai Kend.
Er schaffds zor Klinik mit Müh ond Nod,
doch aufem Rücksitz, sai Kend, war dod.

Jetzt isch z'schbäd

Wemmer des,
was mer an ra
Beerdigung
an Bluma,
Lobreda ond
Fraindschafts-
beweis drher
brengd,

demjeniga
hedd
zuakomma
lao,
solanger
noh
glebd hod,

hedd ma
velleichd
noh gared
zo sainer
Beerdigung
miassa!

70

Worom ao ed

Friher
    hanne
        äwwl
            mit
                em
                    Kopf
                        durch
                            d'Wand
                                wella.
                        Aber
                    mit
                dr
            Zeit
        hanne
        gmerkd,
    daß
ma ao
ganz
guad
außa
rom
laufa
kah!

So an guader Mensch

Personen: Älterer Mann, ältere Frau, Ladeninhaber

Bühnenbild: Verkaufstheke und Regal

Hinter der Verkaufstheke sitzt der Inhaber eines Elektrogeschäftes und rechnet im Kassenbuch. Da öffnet sich die Ladentür und eine ältere Frau tritt ein. Der Mann, nachfolgend nur Chef genannt, blickt nicht auf, und so geht die Frau zögernd zur Ladentheke.

Frau: Godda Morga!

Chef: *(Blickt mürrisch auf, mustert die Frau kurz, grüßt ebenso kurz und rechnet dann weiter)* Morga!

Frau: *(Steht verlegen da und schaut ihm zu. − Dann räuspert sie sich vernehmlich.)*

Chef: *(Blickt kurz auf)* Was ischn jetzt wieder los? − Ischd Battrie vom Hörgerät wieder leer?

Frau: *(Blickt verständnislos)*
        Was hend Se gsaid?

Chef: *(Schreit)*
        Ob Se für Ihr Hörgerät . . .!
        Ach waß . . .
        (Er bricht ab und geht eine Batterie holen.
        Dann bringt er ein winziges Ding und legt es
        auf den Ladentisch.)

Frau: Noe, noe, mai Hörgerät ischd noh en Ord-
        nung. − I hanns bloß drhoim vrgessa.
        I sodd für mai Daschalamb a nuia Battrie
        hann!

Chef: *(Kann sich nur mühsam beherrschen)*
        Worom hend Se denn des ed glei gsaid?

Frau: *(Legt die Hand hinters Ohr)*
        Ha, was hend Se gsaid?

Chef: *(Schreit)*
        Worom . . .!
        Ach waß . . .
        (Schlägt sein Kassenbuch zu, und wirft es
        wütend auf den Ladentisch)
        Welcha Größe brauchad Se?

75

Frau: Für mai Daschalamb!

Chef: *(Ballt die Fäuste)*
        Zaigad Se mer amol mit de Hend wiea groß
        Ihr Daschalamb ischd!

Frau: *(Zeigt mit den Händen etwa zwölf Zenti-
        meter)*
        So etwa.

Chef: No brauchad Se a middlara Größe.
        (Er geht zum Regal und holt etwas heraus)

Frau: So, so.

Chef: So jetzadle, do hend Se Ihre zwoi Battriea.

Frau: Ja en äller Welts Nama, worom denn glei
        zwoi Schduck?

Chef: Für a Daschalamb brauchd mer eba zwoi!

Frau: I mechd aber bloß oina hann.

Chef: *(Gereizt)*
        Ja worom denn des scho wieder?

Frau: Weile bloß oi Mark drbei hann.

Chef: *(Nimmt die zwei Batterien wieder in die Hand)*
No grieagad Se gar koina. Weil nemlich oina
drvo scho meh koschdad wiea a Mark!

Frau: Ja ond wenn Se mer dui ausnahmsweis amol
om a Mark gebba dädad?

Chef: I ben doch ed Caritas! − Was glaubad Sica
aigendlich! − Äwwl wird ma ahgschnorrd.
Ond s Finanzamt lood mir ao nix noch. −
Noe, noe Oma, do suchad Se sich noh an
andara Domma!

Frau: *(Geht langsam und beschwerlich in Richtung
Ladentür, bleibt dort stehen und dreht sich
noch einmal um)*
Ach wenn i noh ao mol em Loddo gwenna
däd, no dädes ao so macha wiea der nedde
Herr do vorher beim Metzger Bleher.

Chef: *(Er stützt sich interessiert mit beiden Händen
auf die Ladentheke und beugt sich aufmerk-
sam vor)*
Worom? − Was hod denn der beim Metzger
Bleher gmachd?

Frau: *(Kommt wieder zurückgelaufen)*
Ha i schdand vorher beim Metzger drenn
ond hann noch Wurschdzipfl für main Hond
gfrogd. – I sag hald emmer so, weil i doch
gar koin Hond hann, diea Wurschdzipfl eß i
emmer selber.

Chef: *(Neugierig)*
Jo, jo, ond no?

Frau: *(Sieht sich nach allen Seiten um und sagt dann
wichtig)*
No ischd do an Herr raikomma, so en maim
Alder . . .

Chef: Waß so ald?

Frau: Was soll denn des hoißa?

Chef: *(Winkt ab)*
Nix, gar nix. – Auf vrzehlad Se weider.

Frau: Also, der hod so a Dädschkabb aufghed, a
rodweiß gschdroifds Hemmad, a beescha
Wendblus ond Knickerbocker ah, ond aus-
glaadschde Wanderschuha.

Chef: Waser für a Onderhos ahghed hod des wissad
Se aber ed?

Frau: *(Blickt verständnislos)*
Wieso frogad Sie des?

Chef: Weile ed wissa will, was der fir Socka ahghed
hod, sondern was der doa hod!

Frau: Also, no lend Se me hald ausschwätza.

Chef: No schdandad mer morga noh do!

Frau: Also wellad Ses jetzt wissa oder ed?

Chef: Jawoll! − Mir fellt em Momend nix ai, was i
sehnlicher will als des.

Frau: Also no herad Se zua! − Der hod em Metz-
ger Bleher vrzehld, daßer ällas vrlora häb
ond so. Des war so schlemm, daß d'Frau
Bleher sogar gheilad hod. − Ond dui heild ed
glei!

Chef: Ja des ischd wohr. − Ond no?

Frau: *(Sieht sich noch einmal um)*

80

No hodem dr Metzger Bleher fir faschd fuff-
zich Mark Floisch ond Wurschd gschenkd!

Chef: Waß, dr Metzger Bleher?

Frau: Jawoll, dr Metzger Bleher!
          *(Sie zieht ihn am Ärmel seines Arbeitsman-
          tels)*
          Aber jetzt kommd erschd s'Größschde!
          *(Die Frau beugt sich vor, und der Laden-
          inhaber beugt sich vor)*

Chef: Jetzt bene aber gschbannd!

Frau: *(Sie sieht sich nochmals um und sagt trium-
          phierend)*
          Do hod der Ma mit dr Dädschkabb em Metz-
          ger Bleher fenfhondert Mark auf da Lada-
          disch nahknalld, ond hod vrzehld, daß er em
          Loddo zwoi Milliona Mark gwonna häb . . .

Chef: *(Unterbricht heftig)*
          Waß, zwoi Milliona?

Frau: Jawoll, zwoi Milliona! — Ond no hoder vr-
          zehld, daß er nemme soviel vrbraucha kenn,
          ond Vrwandte häber ao koine mai, no suach

81

er hald auf dui Weis guade Menscha, diea ao noh ebbas vrschenka kennad. — Ond denne gibder no emmer da zehnfacha Betrag vom Gschenk wieder zruck!

Chef: Noe?

Frau: Doch!

Chef: Da zehnfacha Betrag?

Frau: Jawoll, da zehnfacha Betrag!
(Da ertönt die Ladenglocke) —
(Ein älterer Herr mit Sportmütze, rot/weiß gestreiftem Hemd, beigefarbener Windbluse, Knickerbocker an und ausgetretene Wanderschuhe an den Füßen, betritt den Laden) —
(Die Frau und der Chef sehen sich mit offenem Mund an. — Dann faßt sich der Chef als erster wieder und wendet sich an die Frau)

Chef: So meine Dame, i schenk Ihne die zwei Batteriea, noch eine Ersatzpackung mit weidere vier Schdück, ond drzua dann noch die vrschbrochana Batterie fir Ihr Hörgerät. Gell? Ich würd mich sehr freua, wenn Sie meim Haus auch weiderhin treu bleiba würdad.

82

Frau: *(Sieht ihn mit offenem Mund an)*
Ha do drauf kennad Se sich vrlassa!

Chef: *(Er reibt sich die Hände und wendet sich dem
Mann zu, der soeben eingetreten ist)*
Nun main Herr, was kann unser Haus fir Siea
do?

Mann: Ihr Haus nix, aber Siea.

Chef: Ja, des maine drmit.

Mann: So also. – Wiea i grad gseha ond gherd hann,
send Siea an guader Mensch.

Chef: *(Wehrt bescheiden mit beiden Händen ab)*
Aber i bitt Siea, des ischd doch bei mir
selbschdverschdendlich!

Mann: Oh, i woiß wiea weh Armut duad, ond wiea
guad des duad, wenn ma von ebber ebbas
gschenkd grieagd.

Chef: Ja, ja, des sag i ao emmer.

Mann: Wiea jetzt i zom Beischbiel. – I bräuchd a
kleis Kofferradiole, hann aber koi Geld drfir.

Chef: Aber i bitt Siea, guader Mann, i däd mie glücklich schätza, wenn i Ihne ois schenka dürft!

Mann: Oh noe, noe, des ka i doch gar ed ahnemma.

Chef: Ha Siea dädad mie direkd beleidiga, wenn Se des ed ahnemma würdad.

Mann: Ha no, des wille ällerdengs ao ed. – Was däd denn jetzt zom Beischbiel des Deng do koschda?

Chef: Des do? – Achtzig Mark. – Aber ich würd Ihne des do empfehla, des koschdad honderdzwanzig Mark, ond ischd glei für Kassetta geeignad.

Mann: Ha des däd jo großardig bassa. – I hann nemlich zo maim 80. Geburtsdag a Bändle mit Marschmusik grieagd.
(Dann ahmt er die Marschmusik nach und schlägt im Takt die angewinkelten Arme an den Körper)
Tuff – tuff – tuff, da da da tuff – tuff – tuff, da da da tuff . . .

Chef: *(Übergibt dem Mann das Gerät)*
        Großardig, großardig, des wärad also jetzt
        tausendzwoihonderd, ahh, i moin, hondert-
        zwanzig. − Also do schäm i mie direkd.
        (Er sieht sich suchend um)
        Hend Se scho a dragbars Fernsehgerät?

Mann: Ha noe, mo denkad Sie ao nah?

Chef: Ed, ha no miassad Sie mir aber erlauba, daß
        i Ihne ois schenk!

Mann: Ha i woiß ao ed, − des kah i doch ed ah-
        nemma.

Chef: *(Der Chef nimmt das Gerät aus dem Regal
        und schiebt es dem Mann über den Laden-
        tisch)*
        Des lassad Se noh mai Sorg sai!

Mann: Was däd denn jetzt des normal koschda?

Chef: Des do? − Dreihonderdachtasiebzig Mark!
        Aber bei Ihne gohd des selbstverschdendlich
        auf Koschda vom Haus!

Mann: Also bevor i Ihne main Dank ausschbrech,

mechd i gern, daß Siea mir den Kassabeleg
quittierad. — I hann scho so viel vrlebd!

Chef: Aber gern, wiea Siea des wünschad.
       *(Er schreibt auf seinem Quittungsblock und
       murmelt vor sich hin)*
       Macht zemma, vierhonderdachtaneunzig.
       Rechnung ischd bezahlt, und jetzt noh mai
       Onderschrift.
       (Er übergibt dem Mann den Beleg)
       So mein Herr, des wärad also jetzt Geschen-
       ke fir edwa fenfdausend Mark! — Ahh, i
       moin nadierlich für etwa fenfhondert Mark.

Mann: Guader Ma, des ischd fir mie meh wert, als
       fenfdausend Mark.

Chef: *(Reibt sich wieder die Hände)*
       Ja, do habad Se rechd. — Do könnd mer
       doch gladd zehndausend Mark drfir gebba.

Mann: Mindeschdens!
       *(Er nimmt den Fernseher und das Radio vom
       Tisch)*
       Mein lieber Herr!
       Ich danke Ihne fir Ihr wirklich großherzigas

Geschenk, und i vrschbrech Ihne, daß i des
mai Leba lang ed vrgessa werd.

Chef: *(Wehrt bescheiden ab)*
        Ach waß, i freu me doch, wenne ebbas guads
        doa kah.
        (Da dreht sich der Mann zu der dabeistehen-
        den Frau um, gibt ihr das Radiogerät, bietet
        ihr den freien Arm an, und dann wackeln sie
        gemeinsam zur Ladentür)

Mann: Komm mit Sophie, du siehschd, s gibd doch
        noh guade Menscha auf dr Welt!

Frau: Jo Auguschd, do hoschd gwieß reachd!

        (Der Chef zeigt langsam wechselnden Ge-
        sichtsausdruck. Erst verblüfft und dann er-
        kennende Überraschung)

Chef: *(Er brüllt Ihnen nach)*
        Ja, haldad noh, mo bleibd no mai Geld!?!
        (Da dreht sich der Mann noch einmal um,
        und winkt mit der Rechnung)

Mann: Ällas scho zahld, – do hend Se selber onder-
        schrieba!

Ahschdand ond Würde,
ischd niea a Bürde!

A sanfda Antword
auf a Beleidigung
ischd besser
als a groba.

A Hand, mo
schdreichld,
ischd besser
als a Hand,
mo schlägd.

Ond,

A guada Tad
ischd besser
als honderd
guade
Gedanka!

Liebe deinen Nägschden
wie dich selbschd

I fend oifach,
ma sodd den
Begriff
»Nägschdalieabe«
a bißle besser
erklära.

De maischde
wissad
nemlich
ed,

daß do dr
Ehebruch
ed dronder
felld!

A menschlicha Sau

Dr Berthold hod a Sau em Schdall,
dui frißd da ganza Dag.
So gohd des ed, auf gar koin Fall,
daß i diea Koschda drag!

So said dr Berthold en dr Rond,
er hockd am Schdammdisch dra.
Do duad von denne oiner kond,
er häb an guada Plah.

Ob er ed Ferkl zieaga mechd,
er häb an Eber frei.
Dr Berthold zo dem Baura sechd:
Jawoll, des mach i glei!

Ond er setzd am nägschda Morga
en Schubkarra sai Sau.
Domid fehrder ohne Sorga
zom Eber en sain Bau.

Des klappd, diea boide megad sich.
Dr Berthold, der ischd froh.
Ond – jo – er fendad eigendlich,
ganz guad dui Lösung so.

Er nemmd sai Sau ond fehrd se hoim,
ond draimd von ihrem Wurf.
Dr Karra gohd schier aus em Loim.
Er fährd ganz sachd end Kurv.

Dr Berthold wardad wochalang,
dui Sau wird hald ed trächdich.
Do wirds em Bauer angschd ond bang,
doch sainer Sau gohds prächdich.

Er setzd se no en Karra ganz
ond führd se wieder nah,
ond seld no gohd dr ganze Danz
wieder von vorna ah.

Dui Warterei gohd wieder los.
Er guckd d'Sau äll Dag ah.
Doch wieder gohd dui Sach end Hos.
Er muaß hald nommol nah.

So fehrd dr Berthold hald durch d'Schdadt
mit Schubkarra ond Sau.
Ond von de Bäum fällt Blatt für Blatt.
Ao s'Wedder wird scho rauh.

Dui Sau traid ed, s'woiß kois worom,
ond des drotz Schweinekuß!
Auf oimol wird's em Berthold z'domm.
Er said: Ond jetzt isch Schluß!

Do bsuachden der vom Eber gschwend,
will wissa, wieasen gohd.
Em Berthold d'Laus auf d'Leber rennd.
Er geid dem Ma den Rot:

Guck selber, was dai Eber schaffd,
des ischd doch ed legal!
Dr Berthold an saim Pfeiffle pfaffd,
jetzt ischems voll egal.

Dr ander ischd em Schdall drenn gwäa,
ond kommd no d'Schdieaga rauf.
Er lachad laud. Was isch jetzt gescheha?
Dr Berthold kommd ed drauf.

Isch se trächdich? frogdr bieder.
Noe, noe, lachd der, selbschd wenn,
Bert, dai Sau, dui hockd scho wieder,
en ihrem Schubkarr' drenn!

Was i ed begreifa kah . . .

. . .daß äwwl grad an dr Hausdier schellad,
wenn i en dr Badwann oder aufem Klo
hock!

. . .daß s'Telefo äwwl grad no leidad,
wenn i ahfanga will mit essa!

. . .daß Bsuach äwwl grad do kommd,
wennen i am wenigschda braucha kah!

. . .daß äwwl schee Wetter ischd,
wenn i koi Zeit hann zom nausganga!

ond,

. . .daß äwwl grad no regnad,
wenn i end Sonn liega wedd!

Auf dr Wies liega ond mit dr Seel baumla

Mone amol samschdags, so kurz vor Dorschluß, durch d'Schdadt gsauad ben ond zwoi voole, schwere Aikaufsdascha ond segs Blaschdiggucka an de Ärm hanga ghed hann ond schier ed zwischa de Leid durchkomma ben, hod me vo henda an älderer Ma auf d'Seid gschuckd ond sich an mir vorbei druckd.

Ond mo i mir erlaubd hann zom froga, ob er jetzt ed hedd saga kenna, daßer vorbei well, no hod der sich nommol omdrehd ond gsaid, i soll ed soviel fressa, no brauche ao ed soviel Blatz! Also i ben jo gwieß ed gehässig, aber mo der no a baar Meder weider en an granada Hondsdreck naidabbd ischd, so daßens schier naighaua hod, no hann me schnell miassa omdreha ond en a Schaufenschder gucka, daßer ed gseha hod, wiea i hann lacha miassa.

Wär des schee em Leaba, wenn jeder, mo sich drneba benemmd, glei so sai Quiddung grieagd.

Des däd an mancha kuriera!

Ond wieane grad so en mainer menschlich vrschdendlicha Schadafraid schwelg ond en dem Schaufenschder von dem Reisebiro romguck, siehne auf oimol a Werbeblakad von Öschderreich.

Do ischd an Bua auf ra Wies glega, hod a Blum em

98

Maul ghed ond a Gsichd nahgmachd, wiea wennem ällas voll egal wär.

Ond iber dem Bild ischd der Satz gschdanda:»Auf der Wiese liegen und mit der Seele baumeln«. Des hod me saumäßig beaidruckd. – Ond, weile grad so ferdich war, hanne beschlossa, daß i des heid noh mach. – Also des mit dem Baumla! Drhoim hanne schnell main Rucksack grichdad. An Malvatee end Thermosflasch gleerd, a Fläschle Bier ond an Schnaps nahgrichdad, für Insektaschdich oder wenn sonschd an Bedarf do ischd. Ond no hanne noh zemmlich Veschber aipackd. Daß jo mai Seel koi Nod leidad, wenn se so weid vom Kiahlschrank weg ischd ond no ao noh baumla sodd.

I hann noh an großa Debbich naufgschnalld, auf da Rucksack. Kurza Hos, Schborthemadle ond da Sonnahuad aufdao, ond no bene losmaschierd. Maine Nochber hend zwor grinsd, mo se me gseha hend, aber diea hend sicher wega dem Rucksack glachad. – I muaß nemlich zuagebba, daß dui Schdebbdecke scho a bißle arg aufdraga hod. Aber i hann jo schlieaßlich woich liega wella, beim Baumla.

I ben no auf d Albhochfleche naufgschdiega, ond mone so etwa dreiviertls droba war, hod me main Rucksack schier en Boda naidruckd. I moin, i ben jo gwohnd, daß main Bauch vorna nonder ziagd, aber henda, des ischd scho a bißle ohgwohnd gwäa.

100

I ben grad froh gwäa, daß i d Ärm frei ghed hann. I hann nemlich gar ed so schnell noch de Mucka schlaga kenna, wiea diea an mie nah gsessa send. Jetzt hanne vorsichdshalber da Schnaps rausdoa, ond amol ennerlich zemlich aigrieba, so zor Vorbeigung! Wenne noh ao a Insektamiddl mitgnomma hedd. I hann doch ed den guada Schnaps and Ärm ond Fiaß nahreiba kenna, des wär jo ewich schad gwäa!

Ond no hanne brobierd, obs ed langad, wennes bloß ahhauch, diea Viecher, aber diea hend des scheinds ao mega.

Am liebschda hedde scho ebbas gessa, aber so midda en dr Schdoig drenn? — Des hod mer jo scho glangad, wiea mer der Schnaps en de Fiaß ghockad ischd.

I hann no dommerweis a Abkürzung gnomma, ond mone no do doba gwäa ben, hanne gwißd, worom mer dui Schdoig bei ons d Ochsaschdoig hoißd. — Weil dui bloß Ochsa laufad!

Mone auf dr Hochfleche gwäa ben, ischs do zuaganga wiea auf ra Kirbe.

An Haufa Kender ond Erwagsane send do romgschbronga. — I woiß gar ed, daß diea Leid am Samschdag so viel Zeit hend?

Diea sollad doch ebbas schaffa!

Dammer sai Ruha hod dohoba ond mit dr Seel baumla kah.

Also bene weiderdabbad ond hann mer a ruhichs

Blätzle gsuachd, mone mai Lagerschdedde airichda kah.

Aber diea schene Schdella send älle belegd gwäa. Do hend dragbare Radio so dudlad, dammer sai oiges Wort nemme vrschdanda hedd, wemmer ebbas gsaid hedd. – Aber i hann mai Gosch ghalda!

Schlieaßlich hanne no ondera groußa, schaddicha Oich a schees Blätzle gfonda.

Nadierlich hanne zerschd an Haufa Schdoiner, leere Coladosa ond Bierfläschla wegraima miassa, aber no hanne genüßlich mai Schdebbdecke ausanandergfaldad ond no mai Veschber nahgrichdad. Zerschd bene nahghockd ond hann maine Fiaß nausgrätschd. Aber no hanne gmerkd, daß i jo do main Maga so arg zemmadruck. Ond no bene hald seidlich nahglega, wiea de alde Römer.

Mit em Vrschneida vom Essa isch ed so guad ganga, aber mones end Hand gnomma ond mai Sach ronderbissa hann, no ischs ganga.

Mit ra Tomad hanne mai Hemmad vrdriealad ond mit em Malvatee mai weißa Turnhos ond da Debbich. Aber, wemmer so kurz vorem Baumla ischd, derf oim des nix ausmacha, weil jo Ärger bekanndlich dr Seele schadad.

Also hann i mai reschdlicha Vrpflegung voll en maim Rucksack vrschdaud ond mie no auf mai Decke senka lao. Aber ed gnuag, daß i den schdoiniga Onder-

grond an jeder Schdell von maim doch recht groß-
flächiga Körber gschbierd hann, erschd mone d'Auga
zuaghed hann ond ahfanga baumla hann wella, ischd
mir aufgfalla, daß ma diea oinzelne Radio ganz guad
bis doher herd.

S ischd ed so, daß i Volksmusik ond Popmusik ed me-
ga däd, aber gleichzeidig ischs oifach a bißle viel für
an oinzalna.

Auf oimol hend se auf em Drubbaiabungsblatz, der
mo en dr Nähe liegd, ahgfanga mit schieaßa. Diea
hend grad a Manöver. − I woiß, weile nachts ed
schlofa kah, wenn diea Panzerkolonna en Richdung
Alb donnerad.

Ond mo no noh an Düsajäger em Dieafflug iber me
driber ischd, daße bis end Seel nai vrschrocka ben,
obwohle noh gar ed richdig baumld ghed hann, bene
mit ma Ächzger aufgschdanda ond hann mai Sach
voll zemmagraimd.

A Weile bene oimatz auf ma Benkle gsessa.

Ond do wärs ao reachd schee gwäa, aber do send
Kender ääwl mit so Gelendefahrräder, mo grad dr
neiaschde Schlager aus Amerika send, en dr Gegend
romgfahra.

Ond weil diea Denger koin Modor ghed hend, no
hend diea hald ääwl mit em Maul: »Brmmm,
brrmmm, brrmmm!« gmachd. Aber mit ra Aus-
dauer, daß i schier vrruckd worra ben.

Wenn diea end Kurv nai send ond bremsad hend, hods henda Schdoila ond Dreck nausghaua.

Ond mo mir no zom zwoida Mol a Ladung an maine Fiaß nahgfahra ischd, bene hald wieder weiderdabbad. − I fang jo wega so ebbas koine Hendl ah. Noch guad zwoi Kilomeder bene ana schena Waldschneise komma ond von do aus auf a weitlaifiga Hochfleche.

Do fendeschd ebbas, hanne denkt, bis i den Trakdor gseha hann, mo do so langsam iberd Felder tuckerd ischd. − Ond dr sell hod a Gschdelle hender sich drai zoga, mo so klirrad ond dao hod, dammer gmoind hod, mr lieg mit em Ohr an ra Panzerkedde. Abropo Panzer!

Do ischd mer a baar honderd Meter weider ebbas bassierd.

I ben so vor me nah gloffa, ond hann grad gar nix denkd, no here do auf oimol so a Piepsa, wiea wenn ebber funkd. Do ischd ebbas faul, hanne denkd, ond mone a bißle abseids auf ma Felsa so a dranspordabla Funkantenne gseha hann, war mir klar, daß do an Agend grad saine Gehaimnis fortfunkd.

Als Patriod bene nadierlich dera Sach soford nochganga.

I hann main Rucksack ronder doa ond em Gebüsch vrschdeckd.

No bene en gebückder Haldung, jeda Deckungsmeglichkaid hanne ausgnitzd, en Richdung von dene Funkgeräusch gschlicha.

Mos lauder worra ischd, bene voll auf d Kniea nonder ond hann me auf älle viera ahgschlicha. Schlieaßlich hanne jo älle Dschäms Bond Film gseha ond ben deshalb auf em Laufenda gwäa, wiea mer des machd. Ond wieane grad so om an Felsa nomgrabble, siehne zwoi schwarze Schbrengerschdiefl vormer. No hanne langsam weidernaufguckd, jetzt ischd do an Neger en Kampfuniform, Schdahlhelm auf ond a Maschenabischdol en dr Hand vor mir gschdanda.

I ben derard vrschrocka, daß i gmoind hann, i häb ois uff da Däds grieagd. – Aber i hann me no schnell wieder gfanga.

Der hod wohl ebbas zommer gsaid, aber i hannen ed vrschdanda.

Ond weiler ed auf mie gschossa hod, bene langsam aufgschdanda, ond hannem vrsuachd zom erklära: »Wissad Se, i hann so a Funkgeräusch gherd, so: blieb, blieb, blieb, – verschdandad Se? – Ond no hanne denkd Siea seie Agenda, wissad Se.«

Der hod bloß grinsd, ischd weggloffa ond hod mer gwonga. – Ond mone voll oms Eck nomkomma ben, ischd do a guad tarnda Funkleitschdell gwäa. Do send no ao andere Amerikaner romghangd, ond oiner drvo hod mir no auf deidsch gsaid, daß des wega däm Manöver sei.

Se hend mer a bißle Sach zaigd ond no bene wieder ganga. – Se send also ganz arg fraindlich gwäa, des muaß i saga.

Eigendlich hann me scho a bißle drmit abgfonda ghed, daß heid nix meh wird, mit em Baumla, no hanne auf oimol an herrlicha Feldweg gseha, mo ama Bergvorschbrong vorbei fihrd, ond do drnebad hanne mai Decke ausbroidad ond ben nahglega.

Oh war des a hemmlischa Ruha. – Ond wieane grad hann ahfanga wella, so richdig amol mit maira Seel zom baumla, do hods auf oimol auf d'Erde naidrommlad, daße denkd hann, a Herde mit lauder Mammut schbrengd auf me zua.

Ond tadsächlich send a Schducker fenf, segs Reider so dichd an mir vorbei gridda, da Weg hendere, daß da Boda noh so henda naus ghaua hod. Lenks ond rechds send Dreckbolla an mer vorbei pfiffa, ond mo oina drvo wiea rauszirkld en main offana Rucksack naigfahra ischd, bene aufgschdanda, hann mai Sach zemmapackd ond ben hoim gloffa. Ond seiddrher woiße, dama auf so Broschbekd ao ed äwwl ganga kah. – Außer i fahr velleichd noch Öschderreich, dammer do hald doch besser baumla kah. – Oder aber i baumle bei mir drhoim em Bedd? Do isch billicher ond sicherer!

– Obwohl, wirklich kaschd jo koi Schdond sicher sai!

Da Hemml uff Erda

Wenne ällamol
so hör,
daß d'Eha
em Hemml
gschlossa
werrad,

muaße emmer
drahdenka,
wieaviel
höllische
Eha
i
auf
dera
Erde
schao
gseha
hann!

Liebaserklärunga voma Ma an sai Frau

Oh Schätzle, i däd dr so gern an Gfalla,
aber vor lauder schbüala, Vorheng nauf
ond rondermacha onds Haus butza,
komm i gar ed drzua!

Du bischd so schee,
wenn de no ed äwwl
so wiaschd wäreschd!

Du woischd genau, i däd dir d'Schdern
vom Hemml hola, wenn des meglich wär.
Aber jetzt sei so guad ond hol mir a
Fläschle Bier vom Keller rauf!

Woischd, was i an dir so arg mag?
Daine guade Floischkiachla!

Mir machts nix aus,
wenn de äwwl dicker wirschd.
– Von dem, was mer mag,
kah mer gar ed gnuag hann!

Schwätza ischd Machd

Was mer ao für a Machd hod,
bloß alloi, wenn mer schwätzd!

Do kaschd oin,
ohne daßde den ahregschd,
blaß werra lao, oder macha,
daßer rode Backa grieagd.

De kaschd macha,
daß ebber lachd oder heild;
daßer gohd oder bleibd;
daßer flüschderd oder schreid.

De kasch aber ao,
wenn de über ebber ebbas sechschd,
was gar ed schdemmd,
desjenig ens Gfengnis
oder aber ao ens Grab brenga.

Ond alloi mit zwoi Buachschdaba,
nemlich mit dem Wördle »Jo«,
kasch macha, daß ebber a ganz
Leaba lang bei dir bleibd!

112

Mit zwoierloi Auga

Wiea sich ao a Mensch
für oin selber vränderd,
wenn mer aufhörd,
den zom möga,
ond mer ahfangd,
den zom hassa!

Obwohl sich desjenige
überhaubd ed vränderd,
fallad oim auf oimol
bei dem dausend
Sacha auf,
mo ma überhaubd
ed leida ka;
moma aber vorher
gared anem
gmerkd hod.

Was jetzt, wenns andere
mit ons genau so gohd?

114

A glois Dörfle muaß ens Bett

Goldich leert d'Sonn ihre letschde Schdrahla über
diea braunrote Ziegldächer von denne gloine Baura-
häuser nonder. Sieht so aus, wiea wenn diea vrwenkl-
de Häuser noh dichder an da Boda nah schlupfa
weddad, grad so, wiea wenn se Angschd heddad vor
dr Nacht.

Dr ganz Dag über ischs lebich gwäa zwischa de Häu-
ser. Aber jetzt siehd ma bloß ab ond zua noh an Oba
oder a Oma auf ma Benkle vor em Haus sitza. S
Fachwerk ka ma kaum mai seha, weil de ganz Haus-
wand mit Traubaschdöck oder Efeu zuagwagsa
ischd.

Ab ond zua schdandad no a baar Buaba ond Mädla
mit Milchkanna omanander ond dend schwätza ond
lacha. – Do kommd so an gloiner Schdachlbeer-
schnauzer drher däbbalad ond fangd ah, an sora
Milchkann zom romschnubbera. Drau, schao wem –
diea Kender lupfad lieaber dui Milchkann weg ond
schucklad des Hondle en a andera Richdung. Der
gilfad zwor no a Weile, fendad aber an dr nägschda
Dachrenn wieder ebbas, moner ausgiebich dra
schmecka ka.

En dr oinziga Wirtschafd von dem Dörfle ischd scho

115

Licht, ond ab ond zua hörd ma Mennerschdemma lacha ond schwätza. Vor de Fenschder, mit denne gwölbde Scheiba ond de brallvolle Blumakäschda, schdandad a baar äldere Mädla mit rode Backa ond schmeißad ällamol wieder an schüchderna Blick en dui Wirtsschdub zo denne jonge Kerle, mo so dend, wiea wenn se des ed seha dädad. Langsam wirds emmer donkler en dem Dörfle, ond zletschda siehd ma bloß no dr Durm von dr Kirch, wieaner von oba ronder bis zor Hälfde gluadrod ahgschiehna wird.

Wiea a schwarza Wadde leid jetzt d'Nacht ond ao d'Ruha auf dem gloina Flecka.

D'Kender send em Bett, ond de Ältere sitzad en dr Schdub am Kachlofa, an Kruag Moschd aufem Disch ond schwätzad über älles megliche.

Von oim Haus herd mer uff oimol a Kend heila, ond emma andera Haus herd mer ebber schempfa. Ällamol herd mer a Hausdier schlaga oder ao an Fenschderlada, ond Schdiefl mit Eisala dra drabblad eilich über des saubergfegte Kopfschdoipflaschder von denne enge Gässla.

Oimaz bellad noh an Hond, weil oiner mit Schlagseide aus Vrseha gegas Scheirador dubbalad ischd. Ond mo dr Mond, vorsichdich ond blaßgelb, hendera Wolk virreschwebd, brennd bloß noh hender a baar Fenschder Licht.

A ohheimlicha Ruha hod sich jetzt en dem Dörfle

116

ausbroidad. Uff oimol herd mer a Katz schreia ond faucha, mo sich an Vrehrer vom Leib halda will. Ebbas schbäder herd ma a Blechdos schebbara, an Schmerzschroi von ra Katz ond a hella Frauaschdemm.

Drnoch ischd Ruha.

Hender de Fenschder send de letschde Lichter ausganga, ond ed ois herd meh d Kirchdurmuhr schlaga. Dr Mond leuchdad wiea an Nachtwächder mit saine kalde, weiße Schdrahla en älle Gässla ond Wenkl vo dem gloina Dörfle. Ond diea Dachziegl sehnad en dem silbricha Lichtschimmer aus wiea wenns gregnad hedd.

Ond jetzt, mo älles schlofd, duad ao des gloine Dörfle a bißle vor sich nah dossa.

118

Isch doch gleichgüldich

Moinad Se ed ao,
daß d'Menscha
emmer gleich-
güldicher
werrad?

Nadierlich bloß
andere geganüber!

Aber wenns diea
selber bedriffd,
no muggad se auf
ond benemmad sich
wiea ed gscheid.

Ob des ao
richdich
ischd?

Aber, i moin,
mir kas jo
gleichgüldich
sai!

Modernisierte schwäbische Fassung von
Johann Wolfgang Goethes »Ein Gleiches«

Genau so

Iber älle Gipfl
isch Ruha.
En älle Wipfl
siehschd ao du
kaum mai a Blatt.
Diea Vögl schweigad em Wald.
Ward noh, bald
leischd ao du.

Seeopfer

An dr Reling schdand i ond dur gucka.
Onser Fährschiff duad schlengra ond rucka.
So schdürmisch ischs Meer, mai Maga ischd flau.
Dr Wend loßt noch, ond dr Hemml wird blau,
aber i, an maim Glender, muaß schbucka.

Äwwl de gleiche

Komisch, daß oim
emmer grad diea Leid
Rodschläg gebbad,
mo se selber doch
am nödigschda heddad!

Nach einer wahren Begebenheit:

Dr Fraindschaftsdienschd

Dr Thomas bsuachd da Peter gschwend,
des ischd sai beschder Fraind.
Weil ebbas auf de Negl brennd,
mo er ed ka, wieas schaind.

Em Thomas liegd hald s'Schreiba ed,
des woißd dr Peter ao.
Er frogd: »Wenn i a Hilf doch hedd,
am Audo, wär i fraoh«.

»I guck dr noch daim Karra gell,
ond du schreibschd mir mai Sach.
Doch andre Kloider brauch i schnell,
sonschd grieage ois aufs Dach.«

Dr Thomas saids ond zieagd sich aus.
Sain Draining brengd dr Pitt.
No gohd dr Fraind ans Audo naus,
weil do drenn ischder fit.

Dr Peter hockd am Schreibdisch dra.
Sai Kumbl vorem Haus
gohd s'Audo grad vo onda ah,
er guckad halba raus.

Do kommd em Pitt sai Weib vor Schdadt
ond zwor vor Schdroßabah.
Se siehd dui Hos ond moind doch gladd,
des sei ihr oigner Ma.

Ganz schbontan no langd se mucker
and hoikl Schdell vom Bua.
Onderm Waga duads an Rucker,
doch no ischd bletzlich Ruha.

Se lachad schelmisch ond gohd nai.
Doch do haud ses schier om:
Ihr Ma, der hockad bei ma Wai.
Do guckd se zemlich domm.

Ganz lais frogt se: »Wer ischd no des,
mo onderm Audo leid?«
Se wird ganz blaß ond ahnd scho Bös,
daß se den Griff bereud.

Dr Peter saids wieas ganga ischd,
ond sui said, was se gmachd.
Ihr Ma no saine Träna wischd,
so hod er noh niea glachd.

Se gangad glei zom Thomas naus,
daß mer ehm des erklärd.
Er kommd ed onderm Waga raus,
was ihre Sorga nährd.

Ond wiea sen virre zieaga dend,
ischd der s'Bewußtsai los.
Dr Peter nochem Notarzt rennd,
sui hoden aufem Schoß.

Gehirnerschüttrung hoder ghed,
mit Schädlbasisbruch.
Jetzt lachder wieder en saim Bedd
ond er vrzehld den Schbruch:

Vor lauder Schreck, do seier hald
mit em Kopf aufgfahra
ond wieder zrick aufs Pflaschder knalld;
Schdernla gseha en Schara.

Ond dui Moral vo dera Gschicht,
mo wirklich gscheha ischd:
Guck emma Ma vor en sai Gsicht,
daß de nix falschs vrwischd!

Faindschaft bis ens Grab

En onsrer Schdadt, vor viele Johr,
des war beschdimmd ed schee,
do hods amol, ond des ischd wohr,
zwoi baise Gschäftsleid geh.

Direkt en onsrer Mitta.
Wers war, des sag i ed.
Diea hend sich dauernd gschdritta
ond en dr Wolle ghed.

So ischd des ganga, johrelang,
bis oiner gschdorba ischd.
Ond ganga ischd sain letschda Gang,
mo jeder Schdreit erlischd.

Dr ander aber nemmd sich vor,
an letschda Racheplah.
Ond bschdelld no da Posaunachor
zor Trauerfeier nah.

Er saiden, was se schbiela miassd
ond geid noh Trinkgeld groß.
Dr Pfarrer grad diea Leid begrieaßd,
do legad Bläser los.

Dr Mesner merkd glei dui Moral.
Er sauad wiea an Bott.
Diea blosad feschde den Choral:
Nun danket alle Gott!

Manchmol keed mer grad moina

Wenn ao d Leid
höra dädad,

was se rausschwätzad,
wenn se grad frisch
en ebber vrlieabd
send;

wiea se mit
de kloine
Kender
schwätzad;

ond

wiea sich des ahhörd,
wenn se hochdeitsch
schwätzad,

no dädad se wenigschdens
nemme so arg über de
andere lacha!

Oh Mensch

Wemmer so siehd, wiea mir Menscha
auf onser Gsondhaid naihausad,

keed mer grad moina,
ons gfalls nemme auf dera Weld!

Äwwl de andere

Mer derf ed em Fernseher d'Schuld gebba,
dammer nemme ens Bett kommd,
solang mer noh selber ausschalda kah!

So oder so isch nix

D'Leid schwätzad doch iber oin,
egal was mer ao duad.

Also ischs doch ao egal,
was mer duad!

Abenteurer

De maischde
Abenteuer en
onserer Zeit
beschdandad
ed aus große
Reisa en ons
fremde Länder,

sondern aus
kleine Seida-
schpreng en
dr Hoimad!

Schduagert bei Nacht

Drletschde hanne miassa an Bsuach noch Schduagert fahra, weilem dr Zug nausganga ischd.

Des war so zwischa Siebane ond Achte obends. Ond mone no mai Dande ond ihr Bekannda vom Aldersheim abglieferd ghed hann ond grad en mai Audo hann schdeiga wella, no hanne auf dr andara Schrossaseid a Wirtschafd gseha, mos frische Geckala gebba hod. – Ond weile Gflügl mag ond sowieso grad em Honger romgloffa ben – mr hod jo ed vorem Bsuach z'Nachdessa kenna, sonschd wärad diea noh ärger z'schbäd komma – hanne also so a Geckale mitnemma wella.

Jetzt hends diea aber erschd frisch naidoa ond gsaid, daß des noh a halba Schdond daurad.

No bene hald solang a bißle schbaziera gloffa, en dem alda Schdadtviertl.

S war a scheena, warma Sommernacht.

An Haufa Wirtschafta hods do ghed, aber send ao viel Leid onderwegs gwäa. Hauptsächlich Kerle, en ganze Rudl oft. Fraua send ao dogwäa, aber diea send maischdens en de Aigäng von de Wirtschafda romgschdanda.

Ond weils so warm war, hend se ganz kurze Röckla

135

ahghed. Ond ihre Blusa oder Pullober send ao ed viel lenger gwäa.

Also so keed ma bei ons em Schdädtle ed romlaufa. Aber Schduagert isch jo ao a Großschdadt, ond do ischd des oifach anders.

Kaum bene a baar Schridd gloffa gwäa, hod a Frauaschdemm gschriea: »He Schatz!«

I hann schnell omanander guckd, aber nermerd gseha.

No hanne dui Schdemm wieder gherd: »He Schatz, dohoba bene!«

Jetzt hanne am Haus naufguckd, ond tadsächlich ischd do a Frau em Fenschderrahma gloinad ond hod ronder guckd.

»Moinad Siea mie?« hanne ganz vorsichdig gfrogd.

»Logo!«, hod se rondergschriea, ond »Sag mol, schwitschd du ed en daim Kiddl?«

I hann mir krampfhafd iberlegd, moher me dui wohl kennd, ben aber ed druffkomma.

No hanne naufgschriea: »Ha woischd«, i hann mers ed ahmerka lao, daß i se ed kenn, ond hann hald ao du zorra gsaid, »i hedd ao ed denkd, daß heid Nacht so warm wird!«

Uff oimol hod se gsaid: »Du Schatz komm doch rauf, mir badad grad!«

Oooh, send diea Schduagerter gaschdfraindlich! Des glaubd mir nermerd, wiea i mie dodriber gfraid hann.

136

Des hanne nemlich noh niea vrlebd, daß mie ebber zom bada aiglada hod.

Älle Achdung vor denne Schduagerter!

I hann me no feschd bedankd ond hann ra gsaid, daß mir bei ons drhoim erschd Samschdags badad, wemmer dr Hof ond s Droddwar kehrd hod.

Se hod wohl gmoind, no solle hald zwoimol bada, aber i hanns no doch ed doa, weile amol glesa hann, daß zuaviel Soif dr Haud ed guad duad.

I hann me no vrabschiedad ond ben weider gloffa. No bene an ra Wirtschafd vorbei komma, do hod ma d Musik bis auf d Schdroß raus gherd.

Indressehalber bene amol nai, zom gucka, was do los ischd. Jetzt ischs drenna knallvoll gwäa. Weider henda hod ma durch Rauchschwada gseha, wiea a Frau auf dr Bühne danzd hod. – Ond weils so arg hoiß gwäa ischd, hod dui ällamol wieder ebbas auszoga. I hann nadierlich, als Kavalier, schnell wegguckd, aber denne andere hod des nix ausgmachd, diea hend sogar richdig nausgschdierd, ond oiner hod baddschad, wiea wenner ed ganz bacha wär.

Uff oimol ischd a Frau auf me zuagloffa. Dui ischd ao so lufdich ahzoga gwäa – wobei also des Wort lufdich noh gschmoichlad ischd.

Ond dui hod mie so nedd ahglachad, daß me richdich driber gfraid hann.

Se hod me no gfrogd, obe alloi sei, ond ob i ehra ed

138

ebbas z'drenka zahla däd, se sei also grad am Vr-
durschda.

Ond weile ed hann wega onderlassener Hilfeleisch-
dung drakomma wella, bene mitra and Theke gloffa.
No hod se da Arm omme romdao ond ischd so anme
nahgschlupfd, daße noh ärger gschwitzd hann wiea
vorher.

Jetzt hod sich dui so iber mai Ailadung gfraid, daß se
mer sogar auf boide Backa an Kuß gebba hod.

— Mensch send diea Schduagerter nedde Leid!

Sui hod no a Cola-Schuß dronka ond i an saura
Schbrudl. Ond des hod me no achtazwanzig Mark
koschdad.

I hann gmoind mie hauds om, ond no hanne prombt
wieder an Schwoißausbruch grieagd. Ond mone zo
dera hender dr Theke gsaid hann, daß i koi Kischd
Cola ond Schbrudl bschdelld häb, sondern jeweils a
Glas, hod dui oifach driber glachad ond ischd weg-
gloffa.

Jetzt ischs mir auf oimol klar gwäa, worom dui Frau
neba mir nix hod zom drenka kaufa kenna, bei denne
Preis brächd i ao nix nonder!

Mai Nebasitzere ischd so nahgsessa, daß ihr Blüsle
vorna ganz nonderzoga hod. — Aber se hods ed
gmerkd. Ond i hann no krampfhafd en mai Schbrudl-
glas naiguckd.

I hann grad ahfanga wella, iber s Wedder zom schwät-

139

za, no hod dui mie uff oimol gfrogd, ob i heid scho ebbas ghed hedd.

I hanns nadierlich gsaid wieas ischd, i häb noh nix ghed, häb aber do vorna en dr Nähe vom Parkblatz ebbas bschdelld. Sei aber so an Ahdrang gwäa, daße erschd en ra halba Schdond wieder komma dirf.

Se hod zwor gmoind, daß sui's beschdimmd besser gmachd hedd, aber i hann ra gsaid, i häbs jetzt scho bschdelld, ond vrschbrocha sei vrschbrocha. No hod se a ganz narrads Gsicht nahgmachd, hod ihr Glas ausdronka, ischd aufgschdanda ond weggloffa.

Jetzt ischd mers gar ed reachd gwäa, daß dui Frau so beleidigd gwäa ischd.

Aber mie muaß mer ao a bißle vrschdanda. Wenn do a Cola ond an Schbrudl scho achtazwanzig Mark koschdad, no kah ma so a Geckale jo schier ed vrzahla.

No hanne main Schbrudl ao dapferd ausdronka ond ben ganga.

Auf dr oina Schdroßaseid bene voll hendere gloffa ond auf dr andara wieder zrick.

I hann jetzt nadierlich zerschd bei de Wirtschafda vorna an dr Kart guckad, was des Zuigs koschdad, ond mone amol glesa hann, daß a Glas Pils fenf Mark koschdad, no bene nai.

I hann ed lenks ond ed rechds guckad, daß me nermerd wega ebbas zom drenka ahhaud, ond ben ens henderschde Eck ghockd, mit em Ricka zor Danz-fleche.

Mo no der Ober komma ischd, war des a jonger Ker-le, ohgfähr achtzehn Johr ald. Der hod a langa, enga Lederhos ahghed ond a Weschdle aus Leder, sonschd nix. – Aber s war jo ao warm dohenna. No hod der sain Arm om maine Schuldra glegd ond gfrogad, wase well.

I hann a Pils bschdelld, ond moner mir des nah-gschdelld hod, ischdr mir ibers Hoor gfahra, ond hod me am Henderkopf krauld, wiea an Haasa. Oooh Mensch – send diea Schduagerter fraindlich! So ebbas hanne noh niea vrlebd.

Jetzt hanne no a bißle romguckd. S war lang ed so voll wiea en dera andera Wirtschafd, ond s hod ao kaum Fraua ghed.

Diea Fraua mo dogwäa send, hend ausgseha wiea vrkleidade Menner, also nix schees.

Ond deshalb hend do diea Menner ao lieaber mitan-ander danzd, als mit denne komische Zusla do. Mone mai Bier dronka ghed hann, bene aufgschdanda ond hann em Ober schreia wella. – Jetzt ischd der jong Kerle hender dr Theke gschdanda, hod sain Scheff omarmd ond hod von dem an Kuß grieagd, men-daschdens drei Menudda lang.

I ben no wieder nahghockd ond hann gwardad bis diea ferdich warad.

Mensch hend diea a guads Betriebsklima dohenna!
Des hedds bei ons em Gschäfd niea gebba.

Do said dr Scheff hald an dr Weihnachdsfeier dank-
schee ond gibt oim d Hand. — Aber an Kuß hemmer
noed grieagd.

Mo no dui halba Schdond voll rom war, bene wieder
Richdung Parkblatz zottld.

Ond uff oimol ischd oina zor Hausdier rausgschossa,
wiea a Bräam, ond hod gsaid, se häb grad auf mie
gwardad, ond obe koi Luschd hedd zo ehra nauf.
I hann me nadierlich wieder arg gfraid iber dui Aila-
dung zom bada. Hann ra aber gsaid, daß mers vorher
schomol ebber ahbodda häb ond i do ao abglehnd
häb, weil mir drhoim des samschdags machad.

Dui hod wohl noh gsaid, daß bei ehra viel schener sei
wiea drhoim, aber i hann no zorra gsaid: »Badwann
ischd Badwann!«, ond no bene weidergloffa.

Aber, jetzt willes ehrlich saga, mone hoimgfahra ben,
ond des Geckale aufem Ricksitz so guad virre
gschmeckd hod, do hann mers doch schwer iberlegd,
obe ed nochem Essa noh a bißle end Badwann hocka
soll. — Obwohls erschd Freidagobend war!

142

Bildlich gseha

Wenn noh
dr Deifl
ed äwwl
s'Gsicht
voma
Engl
hedd,

no
wärs
en dr
Höll
ao
ed
so
vool!

Betriebsweihnachda

So fraidich em Kollegakreis
schdandad se wiea jedas Johr.
Ach, ond diea Kerza knischdrad lais
auf ma Zweig mit Engelshoor.

En denne Auga ihrem Glanz
schbieaglad sich dr Kerzaschai.
S'ischd, als ob do d'Fraid drenn danz.
Kennds doch emmer bloß so sai.

Oh wiea fröhlich, oh wiea selig,
sengad se no ganz bewegt.
Ond koin Toh ischd überzehlig,
mo a Aufseha hedd erregt.

S'wird ganz schdill no en dr Ronde,
weil dr Firmachef jetzt schwätzt.
Ond der said diea Ponkt, die wonde,
aber ao, was er so schätzt.

Welche Höha, welche Tiefa
wieder überschdanda send.
Daß an Lehrling hedd, an wiefa,
mo grad noh auf'd Poschd nomrennd.

Schmonzla, nicka, dend de oine.
Große Auga diea, mo neu.
Lauder Ehrfurcht ischds, so moine,
weil se guckad noh so scheu.

Ond ischd dui Feier ferdich kaum,
nemmd sich jeder, wasem gschenkd.
Ond machd no d'Ronde en dem Raum,
weiler an dui Rede denkd.

Vor Kollegin zom Kollega,
fraindlich wenschd mer: Frohes Feschd!
Wiea em Gwissa zom belega,
wenschd mers ao em ganza Reschd.

Denne, mo oin oft so plogad,
geid ma d'Hand wiea andre ao.
Weil ma sonschd ka ohne gfrogad
s'Chrischdfeschdfeira bleiba lao.

Oh wenn doch emmer Weihnacht wär,
wiea schee wär onser Leba.
Doch des zom glauba ischd a Mär.
So ischs em Leba eba.

Schi Hail

Mittla em Wender vor ma Johr,
do war amol, ond des ischd wohr,
auf denne Pischda arg viel los.
Mit Schi, oft ao mit Schlidda bloß,
send se omanander gschliffa.
Aber ao da Hang napfiffa.
A Mädle war do ao drbei.
A lieabs, a nedds, des sieht mer glei.
Auf de Schi drehd se seid Schdonda,
emmer wieder ihre Ronda.
Auf oimol muaß se dringend naus.
Se fehrd quer aus dr Pischde raus.
Am Waldrand suachd se sich an Blatz,
mo se en Ruha ond ohne Hatz
ihr ganz glais Gschäft vrrichda kah.
Des gohd ao nermerd ebbas ah.
Ond so wergld s'Mädle monder,
em Gebüsch diea Hosa ronder.
Ond wiea se sich hod nonder buckd,
ond dreimol noh em Kreis rom guckd,

149

ob ao ganz gwieß grad nermerd kommd,
do duads an Rucker ond ao prombt
fehrd rückwärds se, wiea an ra Schnur,
zom Hang naus, en dr alda Schbur.
Ihre Schi wend äwwl schneller.
Om se rom wirds äwwl heller.
Se woißd vor Schreck gar ed, was do.
Zom guada Glick, se huddrad noh.
Do, neba ehra hauds oin om.
Was guckd der Kerle ao so domm.
Dui großa Pischde kommd en Sichd.
Do isch se gar ed drauf erpichd.
Se läßd sich falla en da Schnee.
Auf oimol duad ihr Hand so weh.
Se zieagd sich ah, so guads hald gohd.
An Schifahrer, der mo auf Drohd,
fehrd schnell drher, wiea wenners grocha,
ond schdelld feschd: »Dui Hand ischd brocha!«
Em Krankahaus no ambuland
wird ehra gschiend ihr rechda Hand.
Ond wiea se dositzd mitem Gips,
dr Dokder gibt ra a baar Tips,
do brengad se an jonga Ma,
der mo schier nemme laufa kah.
Sai Fuaß ischd brocha, onderm Kniea
ond dobei lachd der woiß ed wiea.

150

»Wiea des bassierd ischd, glaubd mir kois!
I fahr heid Schi, kurz vor de Ois,
do kommd oina, se huddrad so,
rückwärds drher, mit nackdem Po.
I hann grad noh bremsa kenna,
bloß main Fuaß hods druckd noch enna.«
Do saids des Mädle frei ond frank.
De halb Belegschafd lachd sich krank.
No schdohd er auf ond hombld nom.
Ond said, er nemmra des ed kromm.
Sui guckad lang den Kerle ah,
ond a Johr schbäder wars ihr Ma!

S'ischd oifach nemme des

Mai Maga wird ao emmer empfendlicher.

I kah eddamol meh d'Wohrad so guad vrdaua
wiea friher!

Hald jo s'Maul

Emmer sai ehrlicha ond
offana Moinung saga
ka mer bloß,
wemmer von niemand
abhengich ischd.

Aber,
wer ischd
scho von
niemand
abhengich?

Winfried Wagner

1949
Am 5. April in Metzingen ge-
boren. Nach Beendigung der
Schulzeit, Lehre bei der Volks-
bank Metzingen und dort als
Abteilungsleiter tätig.

1972 3 1/2 Jahre Fernstudium an der Hamburger Au-
torenschule. Schriftstellerei und Journalismus,
Film, Funk- und Fernsehautor.

1976 Drehbücher für eine Comiczeitschrift, die in sechs
Sprachen übersetzt wird und in neun europäischen
Ländern erscheint.

1977 Mundarthörspiele für den Südwestfunk. Silber-
medaille in einem landesweiten Werbetexterwett-
bewerb. Gag- und Ideenlieferant für ARD-Fern-
sehshows.

1978 4. Preis beim Wettbewerb für Mundartautoren der
Landesregierung. Beginn der landesweiten Vor-
träge.

1979 Erster Auftritt im Süddeutschen Rundfunk. Eh-
rung durch Ministerpräsident Lothar Späth. Beginn
einer Serie von Zeitungskolumnen.

1980   Erster Fernsehauftritt im SDR und Drehbücher für das SDR-Fernsehen. Fertigstellung des ersten Buches mit dem Titel: »Mir Schwoba send hald ao bloß Menscha« im September. Im Dezember ist über die Hälfte der Auflage bereits verkauft.

1981   Moderator der bundesweit ausgestrahlten ARD-Fernsehshow »Stuttgarter Nachmittag«, und Fernsehmoderator des S 3 Abendprogrammes. Fertigstellung des zweiten Buches mit dem Titel: »Schwäbische Gschichta«.

1982   Ausstrahlung des ersten Fernsehspiels durch das SDR-Fernsehen. Fertigstellung des dritten Buches mit dem Titel: »Bloß guad, daß i an Schwob ben«.

1983   Fertigstellung des vierten Buches mit dem Titel: »Ons Schwoba muaß ma oifach möga«.

1984   Fertigstellung des fünften Buches »Berno«, einer Erzählung aus dem frühen Mittelalter.

1985   Hochzeit mit Sabine, geb. Werner aus Ulm.

1986   Ständiger Kolumnist der Monatszeitschrift »Schönes Schwaben«.

1988   Im Mai: Umzug ins eigene Heim nach Dettingen an der Erms. Ab September: Alleinautor der wöchentlichen SDR-Hörfunkserie »Drogerie Stegmeier«. Fertigstellung des sechsten Buches mit dem Titel: »Humor auf Schwäbisch«.

1989   Seit Juli: Freier Schriftsteller und Rezitator. Fertigstellung des siebten Buches mit dem Titel: »Mai lieaber Fraind! − Die heiteren Briefe des leidgeprüften Schwaben Eugen Emberle«.

Hans Helferstorfer

Am Mittwoch den dreizehnten Mai neunzehnhundertacht um die Mittagszeit, hab ich das Hofstettener Licht in Niederösterreich erblickt. Schon sehr bald würde mir das Nichtstun zu dumm und als meine älteren Geschwister ihre Schiefertafeln und Griffel nicht mehr brauchten, beschäftigte ich mich damit am liebsten. Zuerst waren es die schrillen Kratztöne auf dem Schiefer, die mich als kleinen Bub erfreuten, doch bald würden es die weißen Striche auf dem schwarzen Grund, die mich beeindruckten. So begann meine lebenslange Lieblingsbeschäftigung, denn Spielzeug gab es wenig. Ein Bleistift war dann schon ein Fort=schritt, aber an leeres Papier zu kommen, war ein Problem. Doch mit der Zeit würden meine „Leistungen" immer besser und sehr oft bekam ich diese Worte zu hören: „Schade um das Talent". Geholfen hat mir jedoch niemand. Nach der Schulzeit war mein einzigster Gedanke, in München zu leben! Ich kam bald dorthin und würde des Schauens und Arbeitens nicht müde — es war für mich wie ein schöner Traum. Die Jahre gingen dahin und durch Zufall kam ich nach Urach, wo ich fürs Leben hängen blieb und von wo aus ich hoffentlich noch lange meine mir so lieb gewordene Alb mit ihren schmucken alten Dörfern zeichnen oder malen kann, Block und Stift sind immer meine Begleiter. Oder aber — ich sitze zu Hause und bringe meine Gedanken und Gefühle auf Papier oder Leinwand. Geschrieben am zehnten Sept. 82.

Im gleichen Verlag sind erschienen:

Im Verlag Karl Knödler sind u. a. noch erschienen:

In allen Bändchen findet der Leser und Vortragskünstler humorvolle, boden-
ständige und »bodagscheite« Gedichte, Witze, Anekdoten und Prosatexte zum
eigenen Vergnügen und zum Vortragen in fröhlichen Kreisen.